AI와 사이버전의 진화

인공지능총서

인공지능 시대입니다. 기계가 인간의 인지를 대신하고, 사물이 인간을 통하지 않고 다른 사물과 직접 커뮤니케이션합니다. 이에 따른 인간 삶과 문명 변화를 정확히 이해·예측·대응하는 것은 이 시대 우리 모두의 과제입니다. 인공지능총서는 인공지능 기술과 환경의 여러 주제를 10가지 키워드로 정리합니다. 관련 개념과 이론, 학계와 산업계의 쟁점, 우리 일상의 변화를 다룹니다. 인간과 기술의 현재, 미래를 세심히 분석합니다.

일러두기

- 인명, 작품명, 저서명, 개념어 등은 한글과 함께 괄호 안에 해당 국가의 원어를 병기했습니다.
- 외래어 표기는 현행 어문규정의 외래어표기법을 따랐습니다. 다만 '딥러닝', '딥페이크' 등은 관행을 따랐습니다.

AI와 사이버전의 진화

권호천

대한민국, 서울, 커뮤니케이션북스, 2025

AI와 사이버전의 진화

지은이 권호천
펴낸이 박영률

초판 1쇄 펴낸날 2025년 3월 25일

커뮤니케이션북스(주)
출판 등록 2007년 8월 17일 제313-2007-000166호
02880 서울시 성북구 성북로 5-11
전화(02) 7474 001, 팩스(02) 736 5047
commbooks@commbooks.com
www.commbooks.com

ISBN 979-11-7307-831-6 03500

책값은 뒤표지에 표시되어 있습니다.

차례

디지털 시대 사이버전의 변화

디지털 시대에 사이버 공격은 개인, 기업, 국가에 이르기까지 광범위한 영향을 미치는 중대한 위협으로 부상했다. 사이버 공간에서 수행되는 이러한 악의적 활동은 컴퓨터 시스템, 네트워크 또는 데이터에 대한 무단 액세스, 손상 또는 파괴를 목표로 한다. 사이버 공격의 진화와 방법론 그리고 그에 따른 영향을 이해하는 것은 효과적인 방어 메커니즘과 정책을 개발하는 데 필수적이다.

사이버 공격은 컴퓨터 정보 시스템, 인프라, 네트워크 또는 개인 장치를 대상으로 하는 모든 공격적 행위를 의미한다. 공격자는 악성코드(Malware), 피싱(Phishing), 분산 서비스 거부 공격(Distributed Denial of Service attack, DDoS attack), 무단 액세스 등 다양한 방법을 사용해 데이터 탈취, 시스템 중단 및 파괴, 금전 탈취, 사회 혼란 유발, 유해 정보 확산, 가짜뉴스 생산과 확산, 심리전, 스파이 활동 등의 다양한 목적을 달성한다. 사이버 공격의 동기는 재정적 이익, 정치적 의제 또는 단순한 시스템 침입 등 다양하다.

1988년 초기 사이버 공격 사건이 일어났다. 미국 코넬대학교 대학원생이었던 로버트 태펀 모리스(Robert Tappan Morris)가 모리스 웜(Morris Worm)을 배포했다. 모리스는 모리스 웜이 실험적인 자기 복제 프로그램이라고 주장했지만, 이 웜은 약 10퍼센트의 인터넷 연결 시스템에 감염을 일으키며 상당한 혼란을 초래했다(Fortinet, 2024a).

인터넷이 본격적으로 민간에 이관된 이후 악성코드는 유행처럼 번지기 시작했다. 20세기 말과 21세기 초에는 악성코드와 컴퓨터 바이러스가 빠른 속도로 확산하기 시작했다. 2000년의 "ILOVEYOU" 바이러스는 이메일을 통해 퍼지며 약 100억 달러의 손해를 입혔고, 2001년의 "코드 레드" 웜은 마이크로소프트 인터넷 정보 서비스(Internet Information Service, IIS) 웹 서버를 대상으로 몇 시간 만에 35만 개 이상의 서버에 영향을 미쳤다(Encyclopedia, 2024). 그리고 2000년대 중반부터 국가가 지원하는 사이버 공격이 등장하기 시작했다. 2010년에 발견된 스턱스넷(Stuxnet) 웜은 이란의 핵 시설을 목표로 한 대규모 사이버 공격의 신호탄을 쏘아 올렸다. 미국과 이스라엘의 공동 작전으로 추정되는 스턱스넷은 우라늄 농축에 사용되는 수많은 원심분리기의 파괴로 이어졌다. 이는 사이버 공격이 물리적 타격을 동반한 공격으로 이어질 수 있음을 직접 보여 준 최초의 사례다.

사이버 공격의 형태와 동기

사이버 공격은 다양한 형태로 나타나며, 각기 다른 기술을 사용해 악의적 목적을 달성한다(Fortinet, 2024b). 악성코드는 컴퓨터에 침투해 시스템을 손상하거나 비활성화하도록 설계된 악성 소프트웨어로, 바이러스, 웜, 랜섬웨어, 스파이웨어 등이 이에 포함된다. 2017년 워너크라이(WannaCry) 랜섬웨어 공격은 150개 이상의 국가에서 수십만 대의 컴퓨터 데이터를 암호화하며 파괴적 영향을 미쳤다. 피싱은 신뢰할 수 있는 기관으로 가장해 민감한 정보를 얻으려는 기만적 시도다. 서비스 거부(DoS) 및 분산 서비스 거부(DDoS) 공격은 시스템, 서버 또는 네트워크에 과도한 트래픽을 유발해 사용자에게 서비스를 제공하지 못하도록 만드는 공격이다. 2024년 인터넷 아카이브는 DDoS 공격을 받아 며칠 동안 간헐적인 서비스 중단을 겪었다. 지능형 지속 위협(Advanced Persistent Threat, APT)은 공격자가 네트워크 내에 장기간 잠복해 데이터를 훔치는 지속적이고 표적화된 사이버 침입으로, 주로 국가의 지원을 받는 그룹에 의해 수행된다. 예컨대 중국의 볼트 타이푼(Volt Typhoon)은 미국의 전력망과 교통 허브를 포함한 주요 인프라 네트워크에 침투했다.

러시아, 중국, 북한, 이란으로 이어지는 사이버 공격 노하우 전수 네트워크는 전 세계에서 국가 단위의 사이버 공격이 실제적이고 상시로 발생하게 하는 주범 역할을 한다. 북한이 대한민국을 사이버 공격의 최적 국가로 선택하고 지속적으로 공격하거나 미국과 영국 등 서방의 선진국을 다양한 형태로 공격하는 행위는 이미 널리 알려져 있다.

국가 단위의 지원을 받는 사이버 공격이나 그 밖의 자생적 해킹 그룹이 벌이는 사이버 공격의 동기는 다양하다. 그 가운데서도 가장 대표적인 것은 금전적 이득을 획득하려는 동기다. 랜섬웨어 공격은 주로 금전적 이득을 목적으로 하며, 피해자로부터 몸값을 요구한다. 콜로니얼 파이프라인(Colonial Pipeline) 사건에서 보듯이, 공격자는 시스템을 잠그고 이를 해제하는 대가로 거액의 몸값을 요구한다(이민석, 2023). 또 다른 동기는 정치적 또는 이념적 목적 달성이다. 일부 해커 그룹은 정치적 또는 이념적 목적을 위해 사이버 공격을 수행한다. 이러한 공격은 국가 기관이나 정치 단체를 대상으로 하며, 정보 유출이나 시스템 마비를 초래한다. 또한 국지적 사이버 공격을 넘어 국가 간 갈등에서 상대 국가의 통신, 전력, 금융 시스템 등의 인프라를 마비시키는 수단으로 사용되기도 한다. 이렇듯 사이버 공격은 디지털 시대의 새로운 위협으로 급부상하고 있으며, 그 영향력은 날로 커지고 있다. 개인, 기업, 국가 모두가 이러한 위협에 대비해 보안을 강화하고, 효과적인 대응 전략을 마련하는 것이 중요한 시기다. 또한 국제 사회의 협력과 법적 대응을 통해 사이버 범죄를 예방하고, 안전한 디지털 환경을 구축하는 것이 절실하다.

하이브리드전에 적용된 AI

하이브리드전은 전통적인 군사력과 사이버 공격, 허위 정보 캠페인, 경제적 강압과 같은 비정규 방법을 결합한 전략을 의미한다. 그 목적은 모호성과 부인 가능성을 유지하면서 정치적 또는 군사적 목표를 달성해 적이 효과적으로 대응하기 어렵게 만드는 것이다. 현대 분쟁의 진화하는 환경에서 하이브리드전은 기존의 군사 작전에 비정규 전술, 사이버 활동, 정보 조작을 결합한 다면적 전략으로 부상했다. 여기에 AI의 통합은 전쟁의 역학을 더욱 복잡하게 만들어 새로운 능력과 도전 과제를 던지고 있다. 하이브리드전에서 AI 기술 도입은 전술의 정교함과 범위를 향상해 더욱 정밀하고 확장성 있는 작전을 가능하게 한다.

하이브리드전에서 AI는 복잡한 작업을 자동화하고, 방대한 데이터 세트를 분석하며, 신속한 의사 결정을 촉진하는 중요한 역할을 한다. 구체적으로 AI가 하이브리드전에서 행하는 역할은 사이버 작전, 허위 정보 캠페인 그리고 자율 무기 시스템의 운용 등이다(Thiele, 2020; 강진규, 2024). 사이버 작전 측면에서 AI는 취약점 탐지 자동화, 정교한 공격 실행, 침입 방어 등을 통해 사이버전의 역량을 강화한다. 예를 들어 AI 기반 악성코드는 탐지를 피하기 위해 스스로를 변형할 수 있어 전통적인 사이버 보안 조치로는 대응이 어렵다. 허위 정보 캠페인도 하이브리드전에서 AI가 담당하는 매우 중요한 역할이다. 딥페이크와 같은 AI 생성 콘텐츠는 허위 정보를 퍼뜨리고, 여론을 조작하며, 혼란을 초래하는 데 사용될 수 있다. AI는 자율 무기 시스템에도 개입한다. AI는 인간의 직접적 통제 없이 임무를 수행할 수 있는 자율 드론과 로봇 시스템 개발을 가능하게 한다. 러시아-우크라이나 전쟁에서 양측은 감시와 표적 공격에 AI 기반 드론을 사용해 AI가 전장에 미치는 변혁적 영향을 보여 주었다(송승종, 2024). 러시아와 우크라이나 간 계속 이어지는 하이브리드전에서 우크라이나군은 적의 지뢰 설치 패턴을 분석하고, 적 지휘관의 성향을 파악해 전략을 수립하는 데 AI를 활용하고 있다.

하이브리드전을 더욱 효과적으로 수행하기 위해 AI를 사용하는 것은 기술적 발전의 단계에서 당연한 결과다. 그러나 하이브리드전에서의 AI 활용에 대해 이런 효율성 측면만 고려해서는 안 된다. AI의 활용이 가져오는 윤리적 · 법적 책임도 존재하기 때문이다.

사이버전의 양날의 검, AI

빠르게 진화하는 사이버전 환경에서 AI는 양날의 검으로 부상하고 있다. 방어를 위한 강력한 설루션을 제공하는 동시에 악의적 행위자들에게는 사이버 공격의 규모, 속도, 효율성을 높이는 정교한 도구를 제공한다. AI는 과연 누구에게 더 유리한 환경을 제공할까. AI는 방대한 데이터 세트를 처리하고, 패턴을 식별하며, 자율적으로 의사 결정을 내릴 수 있는 능력 덕에 사이버 보안 분야에서 매우 가치가 높다. 그러나 이런 능력은 더욱 강력한 사이버 공격을 실행하는 데 악용될 수 있다. 사이버 범죄자들은 AI를 활용해 작업을 자동화하고, 탐지를 회피하며, 개인 맞춤형 공격을 설계함으로써 위협의 범위를 확대하고 있다. 피싱은 대표적인 사이버 공격 유형이며, 여전히 주요한 사이버 침입 경로다. 그런데 AI가 피싱의 정교함을 크게 향상한다면, 공격 대상자는 완벽하게 속아 넘어갈 수밖에 없다. AI는 온라인 프로필에서 수집한 방대한 데이터를 분석해 대상의 의사소통 스타일을 모방한 고도로 개인화된 피싱 이메일을 생성할 수 있다. 2024년 한 보고서에 따르면 기업 임원을 대상으로 한 AI 생성 피싱 사기가 증가하고 있으며, 개인 정보를 포함한 사기성 이메일이 전통적 보안 조치를 우회하고 있다(황정호, 2023). 사이버 공격의 정교한 작업에 AI가 직접 관여하면서 다양한 신종 공격 무기들이 만들어져 활용되고 있다. 딥페이크로 생성한 영상과 음성 콘텐츠가 혼란을 초래하고(류영상, 2023), 생성형 AI가 만든 악성코드와 랜섬웨어가 사이버 보안 방어를 무력화하기 시작했다. AI 알고리즘은 시스템 내 취약점을 신속하게 스캔하고 식별해 악용 과정을 자동화한다(Valencia, 2024). 이러한 능력은 최소한의 인간 개입으로 대규모 공격을 실행할 수 있게 한다.

딥페이크, 가짜를 진짜처럼 만드는 기술

"가짜로 만든 영상, 사진, 음성에 난 속지 않아"라고 자신 있게 말할 수 있을까. 아마 앞으로는 그럴 수 없을 가능성이 크다. 사이버전의 급속한 발전 속에서 딥페이크 기술은 AI의 머신러닝(Machine Learning, ML) 알고리즘을 활용해 실제와 구분하기 어려운 가짜 음성 및 영상 콘텐츠를 생성하는 강력한 도구로 부상했다. 이러한 기술은 개인의 외모와 목소리를 정교하게 모방할 수 있어 사실 여부를 판단하기 매우 어렵게 만든다. 딥페이크는 기존의 이미지나 영상에서 특정 인물을 다른 사람의 모습으로 교체한 합성 미디어를 의미한다. 이는 주로 생성적 적대 신경망(Generative Adversarial Network, GAN)을 통해 이루어진다. GAN은 두 개의 신경망이 서로 경쟁하면서 점점 더 현실적인 가짜 콘텐츠를 생성하는 구조다. 이 기술은 처음에 영화 제작이나 디지털 아트 같은 합법적 목적을 위해 개발되었다. 그러나 현재는 허위 정보 유포, 사기, 심리전 등 악의적 활동에 널리 사용되고 있다. 딥페이크를 생성하는 과정은 총 네 단계로 이루어진다. 먼저 대상 인물의 방대한 시각 및 청각 데이터를 수집해 AI 모델을 학습시킨다. 그다음 GAN 모델을 활용해 대상의 표정, 음성 패턴, 제스처 등을 학습하고 모방한다. 학습이 끝나면 대상의 모습을 소스 영상이나 음성에 겹쳐서 조작된 콘텐츠를 생성한다. 마지막으로 정교화 작업 단계에서 부자연스러운 부분을 제거해 더욱 현실감 있는 영상을 완성한다. 이 모든 작업은 AI가 실행한다.

사람들이 재미로 이런 딥페이크 영상을 만들던 시절도 있었지만, 이 기술이 가진 엄청난 장점이 사이버 공격자를 매료한 탓에 딥페이크는 현재 사이버전에 빠질 수 없는 공격 도구로 진화했다. 사이버 전쟁 분야에서 딥페이크는 국가 안보를 위협하고, 정치적 과정을 방해하며, 대중의 신뢰를 무너뜨리는 도구로 활용되고 있다. 딥페이크를 통해 정치 지도자나 공인의 가짜 영상을 만들어 그들이 하지 않은 발언이나 행동을 한 것처럼 꾸밀 수 있다(Coker, 2022). 이는 사회적 혼란을 초래하고, 여론을 조작하며, 정부를 불안정하게 만들 수 있다.

스파이 영화에 사람 대신 AI가 등장하는 시대

AI는 첩보 활동 분야에도 유용하게 사용되면서 전통적인 스파이 활동을 변모시키고 있다. 데이터 분석의 효율성을 높이고, 감시 역량을 강화하며, 정교한 사이버 첩보 전술을 가능하게 하고 있다. 말 그대로 스파이의 세대교체가 이뤄지고 있다. 영화나 드라마에서 스파이는 대개 굉장히 매력적이고 천부적인 재능을 가진 인물로 그려진다. 각종 새로운 장비를 갖추고 적진에서 화려한 액션과 지략으로 성공을 거두는 모습이 일반적이다. 이런 스파이의 첩보 활동은 정치적 · 군사적 · 경제적 이익을 위해 비밀리에 정보를 수집하는 것을 의미한다. 그런데 인간 스파이가 이제 일자리를 잃을 위기에 처했다. AI의 등장으로 데이터 수집 및 분석의 자동화, 방대한 데이터 세트 내 패턴 식별, 잠재적 위협 예측 등이 가능해졌다. 사람 대신 AI가 첩보 임무를 수행하면서 비용과 시간 그리고 정보의 질까지도 완전히 달라지는 현상이 더욱 심화할 전망이다. 첩보 활동에서 활용되는 주요 AI 기술로는 머신러닝, 자연어 처리(Natural Language Processing, NLP), 컴퓨터 비전 등이 있다. 이런 기술을 활용해 데이터를 분석하고 데이터에서 패턴을 인식해 인사이트를 도출할 수 있다(박유환, 2019). AI는 첩보 활동에 상당한 이점을 제공하지만, 동시에 프라이버시 침해, 자율적 의사 결정으로 인한 문제, 국가 간 첩보 분야에서의 AI 활용 경쟁을 촉발할 수 있다.

적대적 공격에 노출된 AI 모델

AI 시스템이 다양한 분야에 통합되면서 그 취약성이 사이버전 분야에서 중요한 문제로 두드러지고 있다. 적대적 공격은 AI 모델의 약점을 악용해 오분류, 데이터 유출, 시스템 조작 등을 초래한다. 적대적 공격은 AI 모델을 속이기 위해 고의로 입력 데이터를 조작하는 행위를 말한다. AI를 악용해 공격용 도구를 획득하려는 공격자는 AI 모델이 학습을 위해 데이터를 수집하는 단계부터 최종 완성 모델이 세상에 나오는 단계까지 전 단계에 걸쳐 다양한 공격을 시도한다(LG CNS 보안컨설팅팀, 2020).

적대적 공격은 AI 모델 구축을 위한 데이터 수집 단계에 개입해 학습용 데이터에서 중요한 정보를 탈취하거나, 데이터 학습 단계에서 데이터에 의도적으로 악의적 데이터를 주입해 오류를 발생시키기도 한다(Vassilev et al., 2023). 또한 AI 모델이 배포 단계에 이르렀을 때 모델 자체를 탈취한 후 악의적 데이터 학습을 강제해 사악한 AI로 변형한 후 사이버 공격에 사용하기도 한다. 현재 각종 AI 모델이 시장에 출현하면서 그것들을 제공하는 플랫폼에 대한 공격도 빈번하게 일어나고 있다.

음지를 지향하는 변종 AI 시장의 활성화

AI의 발전은 사이버 범죄자들에게 새로운 공격 도구를 제공하고 있고, 그러한 도구를 공급하는 다크웹이라는 거대 인터넷 네트워크가 활성화되어 있다. 다크웹에서는 AI를 악용한 범죄 활동이 증가하고 있으며, 그중에서도 생성형 AI의 악성 버전인 웜GPT(Worm GPT)와 사기GPT(Fraud GPT) 같은 모델이 공격자들에게 주목받고 있다.

다크웹은 일반적인 검색 엔진으로는 접근할 수 없는 웹의 일부분으로, 익명성을 보장하는 특수한 네트워크를 통해서만 접속할 수 있다. 이러한 특성으로 인해 다크웹은 마약 거래, 무기 밀매, 해킹 도구 판매 등 다양한 불법 활동의 온상이 되고 있다. 최근에는 AI 기술을 활용한 범죄 도구들이 다크웹에서 활발히 거래되고 있다. 사이버 스파이 활동, 사이버 공격 등에 사용되는 AI 기반 악성 도구가 은밀하게 거래되고, 그 도구가 즉각적으로 공격에 사용되는 구조가 만들어졌다. 이러한 AI 도구들의 등장은 사이버 보안에 심각한 위협을 초래한다.

AI가 주도하는 지능형 무기의 발전

전쟁의 양상은 기술 발전에 따라 끊임없이 변화해 왔으며, 그중에서도 AI의 도입은 지능형 무기 체계의 개발에 핵심적인 역할을 하고 있다. 지능형 무기 체계는 AI를 활용해 의사 결정, 표적 식별, 작전 효율성을 향상하는 군사 기술을 의미한다. 자율적으로 또는 최소한의 인간 개입으로 임무를 수행할 수 있는 능력을 갖추고 있어, 군사 전략과 작전 수행 능력에 혁신적인 변화로 인식되고 있다. 이러한 체계는 방대한 데이터를 처리하고, 다양한 시나리오에서 학습하며, 동적 환경에 적응함으로써 인간 운영자의 부담을 줄이고 임무 성공률을 높인다.

AI와 머신러닝의 발전은 무기 체계의 기능을 한층 향상했다. AI는 표적 인식, 위협 평가, 자율 항법 등 복잡한 작업을 수행할 수 있게 했다. 자율 드론과 같은 무인 항공기(Unmanned Aerial Vehicle, UAV)는 독립적인 작전 수행이 가능해졌다(Tatananni, 2024). 또한 AI 기반의 미사일 방어 시스템은 최소한의 인간 개입으로 위협을 탐지하고 무력화할 수 있다. AI로 구동되는 지상 로봇은 폭발물 처리부터 물류 지원까지 다양한 임무에 활용된다.

자동화된 사이버 방어 전략

사이버 위협이 빈번하고 정교해지는 현대 사회에서, AI를 사이버 보안에 통합하는 것은 필수적인 과정이다. 자동화된 사이버 방어(Automated Cyber Defense, ACD)는 AI와 머신러닝을 활용해 실시간으로 사이버 위협을 탐지, 분석, 대응함으로써 디지털 인프라의 회복력을 강화한다. 사이버 방어의 자동화 개념은 초기 침입 탐지 시스템(Intrusion Detection System, IDS)과 방화벽에서 시작되었다(Jamil, 2024). 이러한 시스템은 알려진 위협을 자동으로 식별했지만, 주로 서명 기반으로 작동해 새로운 공격에는 취약했다. AI와 머신러닝의 도입으로 이전에 보지 못한 위협도 식별하고 완화할 수 있는 능동적인 방어 메커니즘이 가능해졌다. 2013년 케임브리지대학교 수학자들이 설립한 다크트레이스(Darktrace)는 머신러닝을 활용해 실시간으로 위협을 탐지하고 대응하는 AI 기반 자율 대응 기술을 개발했다. 이는 적응적이고 지능적인 사이버 방어 설루션으로의 전환을 의미한다. 자동화된 사이버 방어는 사이버 보안의 패러다임 전환을 의미한다. 그것은 끊임없이 진화하는 사이버 위협 환경에 능동적이고 효율적으로 대응할 수 있게 한다.

새로운 컴퓨팅 기술과 AI의 만남

사이버 보안의 급변하는 환경에서 AI와 양자컴퓨팅(Quantum Computing, QC)의 융합은 전례 없는 기회와 함께 막대한 도전 과제를 제시하고 있다. 전통적인 암호화 방식인 RSA(Rivest-Shamir-Adleman)와 고급 암호화 표준(Advanced Encryption Standard, AES)은 오랜 기간 안전한 통신의 기반이 되어 왔다. 이러한 시스템은 소인수분해나 이산 로그와 같은 문제의 계산적 난도를 기본으로 해 현재의 컴퓨팅 기술로는 해결하기 어렵다. 그러나 양자역학의 원리를 활용해 복잡한 계산을 훨씬 빠르게 수행하는 양자컴퓨팅의 등장으로 이런 보안 시스템의 패러다임이 흔들리고 있다.

AI는 이러한 능력을 더욱 증폭한다. 머신러닝 알고리즘은 방대한 데이터 세트를 분석해 암호화 체계의 패턴과 취약점을 식별할 수 있다. AI와 양자컴퓨팅의 결합은 양자 알고리즘의 최적화를 통해 해독 과정을 더욱 효율적으로 만들어 현재의 암호화 표준에 큰 위협이 된다. 2024년 구글의 양자 칩 '윌로(Willow)'의 등장은 암호 무력화의 신호로 여겨지면서 큰 반향을 불러왔다(강수지, 2024).

참고문헌

강수지(2024.12.23). 구글, 양자 컴퓨터 혁명 '윌로우'…암호화폐 미래를 바꿀까. 연합인포맥스, https://news.einfomax.co.kr/news/articleView.html?idxno=4337321

강진규(2024.10.9). 북한, 사이버와 경제 전쟁 융합된 하이브리드 전쟁에 경계감 나타내. NK경제,

https://www.nkeconomy.com/news/articleView.html?idxno=13973
류영상(2023.7.15). "AI에 3억원 털렸다"…부모도 감쪽같이 속이는 AI 보이스피싱, 대처는. 매일경제, https://www.mk.co.kr/news/economy/10785582
박유환(2019.4.8). 스파이, 이제는 AI가 대신한다?…정보 기관에 스며드는 AI 그림자. AI타임스, https://www.aitimes.com/news/articleView.html?idxno=47261
송승종(2024.5.19). AI는 이미 전쟁 상황실에 들어와 있다. 주간조선, https://weekly.chosun.com/news/articleView.html?idxno=34697
이민석(2023.12.29). 美송유관업체, 랜섬웨어에 결국 굴복…56억원 주고 해결. 조선일보, https://www.chosun.com/international/2021/05/14/ZUGVTNISHJC7THJNHCZYSE5T34/
황정호(2023.8.11). 아크로니스, '2023 상반기 사이버 위협 보고서' 발표…AI 기술 악용한 사이버공격 증가. tech42, https://www.tech42.co.kr/아크로니스-2023-상반기-사이버-위협-보고서-발표/
LG CNS 보안컨설팅팀(2020.2.13). 머신러닝 보안 취약점! 적대적 공격의 4가지 유형. LG CNS, https://www.lgcns.com/blog/cns-tech/ai-data/9616/
Coker, J.(2022.6.3). Top 10: Deepfake. Infosecurity Magazine, https://www.infosecurity-magazine.com/magazine-features/top-10-deepfakes
Encyclopedia(2024). Cybersecurity: A Historical Overview of Attacks. https://encyclopedia.pub/entry/44471

Fortinet(2024a). History Of Cyber Warfare And The Top 5 Most Notorious Attacks. https://www.fortinet.com/resources/cyberglossary/most-notorious-attacks-in-the-history-of-cyber-warfare

Fortinet(2024b). Types of Cyber Attacks. https://www.fortinet.com/resources/cyberglossary/types-of-cyber-attacks

Jamil, A.(2024.9.3). Case Studies: Successful Implementations of AI in Cyber Defense. UMETECH, https://www.umetech.net/blog-posts/successful-implementations-of-ai-in-cyber-defense

Tatananni, M.(2024.7.28). DEADLY TECH Killer drones that pick their own targets and robot war submarines that steer themselves – AI weapons of the near future. The Sun, https://www.thesun.co.uk/tech/29522922/artificial-intelligence-weapons-war-military-drones/

Thiele, R.(2020). Artificial Intelligence: A key enabler of hybrid warfare. *Hybrid CoE Working Paper*, 6. https://www.hybridcoe.fi/wp-content/uploads/2020/07/WP-6_2020_rgb-1.pdf

Valencia, L. J.(2024.5.9). Artificial Intelligence as the New Hacker: Developing Agents for Offensive Security. arXiv, https://arxiv.org/abs/2406.07561

Vassilev, A. et al.(2023). Adversarial Machine Learning: A Taxonomy and Terminology of Attacks and Mitigations. *NIST AI 100-2e2023*. https://nvlpubs.nist.gov/nistpubs/ai/NIST.AI.100-2e2023.pdf

01
할리우드 영화로 본 사이버 공격

할리우드 영화에 등장하는 사이버 공격의
유형인 '파이어세일'은 픽션일까, 논픽션일까?
영화에서는 일부분만 표현되지만, 실제에서의
사이버 공격은 더 심각한 결과로 이어진다.
할리우드 영화에서 사이버 공격을 어떻게
표현했는지 살펴보자.

할리우드의 해커 사랑

미국 할리우드는 전 세계 영화 관계자들과 애호가들에게 동경의 대상이다. 이는 할리우드에서 제작한 영화가 문화와 예술은 물론 기술적이고 군사적인 부문에서도 전 세계에 막대한 영향을 미치기 때문이다. 할리우드에서 제작한 영화에 등장하는 사이버 공격 관련 내용은 일찍이 전 세계 사람들에게 큰 반향을 일으키며 그 위험성을 알리고 적절한 대비가 필요함을 역설했다.

할리우드는 해커를 사랑한다. 지난 40여 년 동안 '사이버 공격'이라는 주제는 할리우드 영화 제작에서 중요한 역할을 했으며, 시대 변화와 기술 발달에 따라 표현의 형태를 달리하며 변화해 왔다. 할리우드는 오랫동안 사이버 공격이라는 주제에 심취해 수많은 영화에서 해커와 디지털 침해를 각양각색으로 묘사해 왔다. 이러한 영화적 묘사는 흥미와 관심을 불러일으키지만, 때로는 현실과 허구의 경계를 모호하게 만들어 사이버 보안에 대한 대중의 인식에 악영향을 미치기도 한다. 영화에서 컴퓨터에 빠진 젊은 해커가 몇 번의 키보드 조작만으로 복잡한 정부 시스템에 침투해 정보를 빼내거나, 주식 시장에 침투해 가격을 조작하거나, 달리는 자동차를 해킹해 원격으로 조작하거나, 암호화된 파일을 순식간에 디코

딩해 정보를 얻거나, 특정 건물의 보안 시스템을 해킹해 CCTV는 물론 방어 시스템을 무력화하고 진입한 뒤 특정 임무를 완수하는 등의 행위들은 사실 허구에 가깝다. 실제 현실에서 해킹을 포함한 다양한 사이버 공격은 훨씬 복잡하고 어려운 과정을 거쳐 이뤄지며, 그 피해는 상상을 초월한다.

초기 묘사: 해커의 출현

1980년대 초반에 이르러 컴퓨터가 업무나 생활의 일부로 자리 잡기 시작하면서 컴퓨터를 이용한 해킹 행위도 점차 늘어나기 시작했다. 이런 사회적 변화에 할리우드가 발 빠르게 움직였다. 컴퓨터에 빠진 젊은이들이 해킹을 통해 사회 문제를 해결하려 하거나 영웅적이라고 착각될 수 있는 행위를 하면서 해킹이 점차 사회 문제가 되기 시작했다. 이런 흐름에 편승한 영화 장르의 선구적 영화 중 하나는 〈워게임(WarGames)〉(1983)이다. 이 영화는 젊은 컴퓨터광이 우연한 실수로 미국 군사 슈퍼컴퓨터에 접속해 핵전쟁을 일으킬 위기에 처한다는 설정으로 시작한다. 그러나 자기 행동이 단순한 오락이 아니라 심각한 실제 상황임을 인지한 주인공은 기지를 발휘해 문제를 해결함으로써 3차 세계대전을 막아 낸다. 이 영화는 장난삼아 실행한 해킹이 심각한 위협을 초래할 수도 있음을 알리며, 젊은이들의 호기심과 의도치 않은 결과를 결합해 관객들에게 중요한 메시지를 던졌다.

영화 속 사이버 위협의 진화

기술이 발전하면서 사이버 공격에 대한 할리우드 영화의 묘사도 발전했다. 〈스니커스(Sneakers)〉(1992)는 스파이 활동과 암호학에 종사하는 보안 전문가팀을 등장시켜 디지털 보안의 복잡성을 강조했다(Segun, 2024). 이 영화는 감시와 해킹의 윤리적 함의를 주제로 다뤘다. 〈매트릭스(Matrix)〉(1999)는 기존의 경계를 뛰어넘어 인간이 자신도 모르게 지능형 기계에 의해 통제되는 시뮬레이션 세계에 갇히는 디스토피아적 현실을 보여 주었다(Jscrambler, 2023). 주인공 네오는 이러한 디지털 억압에 맞서 싸우는 데 중추적 역할을 하는 해커다. 여기까지는 해킹이 사회에 대한 직접적 위협보다는 전형적인 공상과학 장르의 주제로 인식되었다.

1990년대 중반 군사용으로 사용되던 아파넷(ARPA Net)이 민간에 이관되며 네트워크 시스템인 '인터넷'이 등장했고, 이는 산업의 가장 중요한 핵심 자원이 됐다. 인터넷은 컴퓨터와 함께 3차 산업혁명을 이끈 중요한 도구다. 그런 인터넷의 등장과 함께 러시아를 필두로 네트워크의 무기화 작업 즉 사이버전 공격의 씨앗이 잉태됐다. 현재 사이버전은 세계에서 가장 무섭고 골치 아픈 무기 체계로 자리매김하고 있다. 현재 러시아, 중국, 북한, 이란뿐 아니라 미국을 비롯한 일부 서방 국가도 사이버전 전력을 운용하고 있다(권호천, 2022a). 그러나 공산독재 국가들과 서방 민주주의 국가들은 사이버전 전력의 운용 방식에서 많은 차이를 보인다. 러시아, 중국, 북한, 이란 등은 사이버전 전력 운용과 작전 진행을 전담기관이 독자적으로 결정하고 실행하는 반면, 서방 민주주의 국가들은 사이버전 전력 운용과 작전 진행을 복잡한 승인 시스템을 거쳐 실행한다. 두 진영에서 사이버 공격은 윤리적 측면에서 완전히 다른 시스템에 의해 진행된다.

현대적 묘사: 현대의 사이버 보안 문제 반영하기

2000년대 들어 영화는 현재의 사이버 보안 문제를 반영하기 시작했다. 인기 액션 영화 시리즈 〈다이하드〉의 네 번째 작품인 〈리브 프리 오어 다이 하드(Live Free or Die Hard)〉(2007)는 뉴욕 경찰인 주인공이 미국의 민간과 정부 인프라의 중요 부문을 사이버 공격으로 무력화하려는 사이버 테러리스트를 막아 내는 이야기로 구성되었다(Terranova Security, 2023).

이 영화는 이전 영화들에서 언급되지 않았던 사이버 공격의 새로운 형태에 관한 개념을 전달했다. '파이어세일 공격(FireSale Attack)'이 그것이다. 파이어세일 공격은 총 세 단계로 나뉘어 한 국가를 체계적으로 공격해 무력화하는 사이버 공격이다(권호천, 2022b). 1단계에서는 교통 인프라를 마비시키고, 2단계에서는 통신과 금융 인프라를 마비시키며, 3단계에서는 에너지(가스, 수도, 전기, 원자력) 인프라를 마비시켜 궁극적으로 한 국가를 완전히 무력화하거나 파괴하는 공격 방법이다. 국가의 모든 기간망이 무력화되면 그 국민은 정상적인 생활을 영위할 수 없는 지경에 이르게 된다. 실제로 세 단계의 파이어세일 공격이 일어난 사례로는 우크라이나에 대한 러시아의 사이버 공격을 들 수 있다. 러시아가 우크라이나를 무력으로 침공해 전쟁이 발발하기 전에 러시아는 이미 여러 차례 사이버 공격을 통해 우크라이나의 교통·통신·금융 네트워크를 공격했고, 전기를 비롯한 에너지 인프라를 공격해 우크라이나에 막대한 피해를 입혔다. 우크라이나는 러시아의 사이버 공격으로 마비된 인프라를 복구하는 데 많은 시간과 비용을 투입해야 했다.

영화 〈블랙해트(Blackhat)〉(2015)는 고위급 사이버 범죄 네트워크를 저지하기 위해 입대한 전과자 해커의 행보를 따라간다(Alfar, 2023). 이 영화는 해킹 기술을 사실적으로 묘사하려고 시도했지만, 영화적 효과를 위해 특정 측면을 극화했다고 비판받기도 했다. 〈제5의 재산(The Fifth Estate)〉(2013)은 위키리크스(WikiLeaks)와 그 창립자 줄리언 어산지(Julian Assange)의 실제 이야기를 통해 디지털 시대 정보 유통의 복잡성을 조명했다(Alfar, 2023). 이 영화는 대규모 데이터 유출의 윤리적 딜레마와 그것이 전 세계에 미치는 영향을 강조했다.

정확성 대 예술적 라이선스

이러한 영화는 관객의 마음을 사로잡지만, 극적 효과를 위해 기술적 정확성을 희생하는 경우가 많다. 할리우드 영화의 해킹 장면은 빠른 타이핑, 시각적으로 매력적인 인터페이스, 즉각적인 시스템 침입으로 특징지어지는 경우가 많다(Luther, 2024). 그런데 이는 실제 해킹의 체계적이고 시간 집약적인 특성과는 차이가 있다. 예를 들어 영화 〈쥬라기 공원(Jurassic Park)〉(1993)에서 어린

소녀가 3D 파일 시스템을 탐색해 공원의 보안 시스템을 복구하는 해킹 묘사는 현실감이 부족하다고 비판받았다. 이러한 장면은 사이버 보안 위협과 해킹 기술에 대한 대중의 이해를 왜곡한다.

대중의 인식에 미치는 영향

할리우드 영화에서 보여 주는 사이버 공격 장면은 사이버 보안에 대한 사회적 시각을 형성한다. 해커를 고독한 천재나 무정부주의자로 묘사함으로써 사이버 보안 작업의 협력적 측면이나 복잡한 윤리적 특성에 대한 오해를 불러일으킬 수 있다(NordLayer, 2024). 또한 지나치게 과장된 해킹 행위 묘사는 사이버 위협의 실제 위험을 과소평가하거나 반대로 과도한 공포를 유발할 수 있다.

사이버 공격은 젊은 해커의 낭만적 일탈 행위를 넘어 국가 안보를 위협하는 가장 강력한 공격 형태로 자리 잡았다. 사이버전은 컴퓨터 네트워크를 사용해 정보 체계를 공격하거나 방어하는 활동을 의미한다. 각종 기술을 활용한 공격을 통해 중요 정보 탈취, 혼란 유발, 적 교란, 국가 기간망 마비, 군 정보 시스템과 네트워크 마비, 금전 탈취, 국가 시설 마비와 파괴 등 공격 대상과 범위가 사이버 공간은 물론 물리적 공간까지 이어지는 형태로 진화하고 있다(권호천, 2022c). 사이버 공격은 다양한 대상을 동시에 공격할 수 있는 광역성과 공격 주체를 정확하게 특정하기 어려운 익명성, 공격 주체의 행동을 사전에 감지하기 어려운 비가시성을 장점으로 한다. 천문학적 비용이 투입되는 재래식 무기에 비해 상당히 저렴하게 개발과 생산, 운용이 가능하다는 매력적 특징도 가지고 있다. 또한 다층적 작전이 가능할 만큼 작전 용이성을 띠며, 시스템을 파괴하고 무력화하는 동시에 대상에게 공포감을 조성하는 심리전도 수행할 수 있다는 장점이 있다. 따라서 사이버 공격은 방어자보다 공격자에게 압도적으로 유리한 환경을 조성한다. 이런 맥락에서 북한처럼 열악한 경제 환경과 기술 인프라를 가진 국가가 전 세계에서 가장 강력한 사이버 공격 무력을 가질 수 있었고, 한국과의 극렬한 비대칭 무력 상황을 유도할 수 있었다.

요컨대 할리우드 영화의 사이버 공격 묘사는 시대 그리고 정보통신기술(Information and Communications Technology, ICT)의 발달과 밀접한 연관성을 띠면서 영화에 스릴 넘치는 이야기를 제공해 관객의 관심을 끄는데 성공했다. 그러나 사이버 공격의 기술적이고 공격적인 면보다는 스펙터클을 강조해 대개 현실과 동떨어졌다. 할리우드 영화는 극 중 흥미를 위한 장치 혹은 이야기의 핵심 주제로서 허구적 형태의 사이버 공격 행위를 보여 주거나 강조한다. 하지만 이러한 묘사가 사이버 보안에 대한 대중의 인식을 형성하는 데 중요한 역할을 한다는 것은 부정할 수 없다. 할리우드 영화는 분명 네트워크로 상호 연결된 세상에 스며든 사이버 위협을 더욱 깊고 세심하게 이해할 필요성을 강조하는 도구로 사용될 수 있다.

참고문헌

권호천(2022a). [권호천의 ICT 인사이트] 전투의 5차원화와 미래 군사력. IT조선, https://it.chosun.com/news/articleView.html?idxno=2022101902923

권호천(2022b). [권호천의 ICT 인사이트] 북한의 사이버공격과 그 유형의 변화. IT조선, https://it.chosun.com/news/articleView.html?idxno=2022071501616

권호천(2022c). [권호천의 ICT 인사이트] 사이버전 개념과 장점은. IT조선, https://it.chosun.com/news/articleView.html?idxno=2022040700825

Alfar, P.(2023.6.6). The 10 Best Hacking Movies About Hackers and Cybercrime. WhatNerd, https://whatnerd.com/best-hacking-movies-about-hacke

rs–cybercrime/
Jscrambler(2023.11.28). 18 Cybersecurity and Hacker Movies and Series to Watch. https://jscrambler.com/blog/18-cybersecurity-and-hacker-movies-and-series

Luther(2024.1.12). Cybersecurity in Movies and Portrayals in Hollywood. Garage4Hackers, https://garage4hackers.com/cybersecurity-in-movies-and-portrayals-in-hollywood/

NordLayer(2024.8.16). How Hollywood hacking scenes turn cybersecurity into entertainment. GlobeNewswire, https://www.globenewswire.com/news-release/2024/08/16/2931486/0/en/How-Hollywood-hacking-scenes-turn-cybersecurity-into-entertainment.html

Segun, D.(2024.5.29). 25 Best Hacking Movies For Cybersecurity Enthusiasts. SecureBlitz, https://secureblitz.com/25-hacking-movies-cybersecurity-enthusiasts/

Terranova Security(2023.12.22). The 20 Best Movies and TV Shows About Hackers and Cyber Security. https://www.terranovasecurity.com/blog/best-movies-cyber-security

02
AI와 하이브리드전 양상 심화

AI의 발전과 하이브리드전 전략의 결합은 현대 분쟁의 양상을 근본적으로 변화시키고 있다. 하이브리드전의 양상은 물리적 침공 직전 상대의 기선을 제압하고 사회 혼란을 초래하는 사이버 공격부터 정보전, 자율 무기 시스템에 이르기까지 다양하다. 실제 AI 기술이 적용된 사례를 통해 그 의미를 살펴보자.

하이브리드전

하이브리드전은 전통적 군사 기술과 사이버 작전, 정보전, 경제적 압박 등의 다양한 군사적·비군사적 수단을 결합해 적을 공격하는 전략을 의미한다. 이런 전략에 AI 기술이 통합되면서 그 효과와 정밀성이 더욱 향상되고 있다.

하이브리드전에서 AI의 역할

AI는 신속한 데이터 분석, 의사 결정 프로세스 자동화, 정교한 영향력 작전 수행을 가능하게 해 하이브리드전에서 힘을 배가하는 역할을 한다. 더 구체적으로 살펴보면 AI는 정보전, 사이버 작전, 자율 무기 시스템 같은 다양한 영역에 적용된다. 정보전에서 AI 기반 알고리즘은 대규모 데이터를 분석해 허위 정보를 대량으로 생성하고 확산해 대중의 인식을 조작하는 데 사용될 수 있다. 예를 들어 AI가 생성한 딥페이크 동영상과 합성 미디어는 특정 개인을 사칭하거나 오해의 소지가 있는 허위 정보를 담은 콘텐츠를 퍼뜨리는 데 사용되어 진실을 호도하고 사람들을 선동하는 도구로 사용되기도 한다(Mazzucchi, 2022). 러시아는 AI를 활용해 여론에 영향을 미치고 적을 불안정하게 만들기 위한 정교한 허위 정보를 다양한 언어로 생성해 정보 작전을 수행했다. AI로 생성한 조작된 뉴스 기사와 소셜 미디어 게시물을 다양한 국가의 언어로 동시다발적으로 유포해 혼란을 유발하고 정보 출처에 대한 신뢰를 떨어뜨렸다(Bergengruen, 2024). 이런 허위 콘텐츠는 그것이 조작된 가짜라는 사실을 사람들이 인식하고 구별하는 것을 어렵게 만든다.

정보전과 사이버전에 최적인 AI

정보전에 AI를 사용하면 이전의 전쟁 양상을 뛰어넘는 인사이트를 얻을 수 있다. 러시아가 우크라이나를 무력으로 침공하기 4개월 전 미국 실리콘밸리에서는 그 사실을 인지하고 있었다. 2021년 12월 7일 러시아 푸틴 대통령은 미국 바이든 대통령과 정상회담을 마친 뒤 미국과 유럽 국가들이 수용할 수 없는 합의서 두 건을 일방적으로 전달하며 최후통첩을 보낸다. 2022년 초 워싱턴의 러시아 전문가들과 국제 안보 담당관은 푸틴의 명령으로 우크라이나로 향하는 17만 5000명의 병력을 보고 아연실색한다. "설마 푸틴이 정말 전쟁을 벌이겠어"라는 의문은 전문가들이 푸틴의 의도를 둘러싸고 논쟁을 벌이는 시발점이 되었다. 인간이 누군가의 의도를 파악하기 위해 각종 가설을 제기하고 논쟁을 벌이는 기저에는 인간이므로 당연히 갖는 편견과 가정 그리고 희망적 사고가 깔려 있다. 그런데 이런 편견과 가정 그리고 희망적 사고를 완전히 배제하고, 푸틴의 의도와 발언 내용 분석도 중시하지 않고, 오직 데이터로만 전쟁 발발의 징후를 파악해 낸 AI가 있다. 전쟁 발발 4개월 전이었다.

과학자, 엔지니어, 전직 관료, 안보 전문가로 구성된 '롬버스 파워(Rhombus Power, RP)'는 AI를 활용해 방대한 양의 온라인 데이터와 위성 데이터를 수집해 분석했다. 그 데이터를 조각조각 추적해 러시아가 실제로 무엇을 하고 있는지, 어떤 움직임을 보이고 있는지 그리고 그 과정에서 어떤 특정한 패턴이 인식되는지를 분석했다. 대규모 언어 모델(Large Language Model, LLM)을 통해 2014년 러시아의 크림반도 침공 직전부터 2021년까지 국경 지역의 무기 시스템 이동 경로와 거기에 투입된 군인들의 소비 패턴 등을 분석했다. 그 결과 롬버스 파워는 러시아가 우크라이나를 침공할 것이라는 결론에 이르렀고, 그 예측은 정확히 맞아떨어졌다(송승종, 2024). 이제 전문가들이 원탁에 둘러앉아 정보를 처리하고 의사 결정을 하는 시스템은 종말을 고할 때가 되었다. 그 대신 데이터에 기반한 AI의 인사이트를 의사 결정에 적극 활용하는 21세기형 원탁회의가 필요하게 되었다.

사이버 작전에서 AI는 사이버 공격의 자동화와 방어 모두에 활용된다. 공격자 쪽에서 AI는 상대 시스템과 네트워크의 취약점을 탐지하고, 최적의 공격 경로를 설정해 사이버 공격 역량을 강화한다(Boury-Brisset & Berger, 2020). 그리고 인간의 개입을 배제하는 사이버 공격의 자동화에도 관여한다. 방어자 쪽에서 AI는 실시간 위협 탐지 및 대응을 효과적으로 할 수 있게 해 사이버 방어 메커니즘을 강화하는 데 기여한다.

자율 무기 시스템과 AI의 결합

자율 무기 시스템에서 특히 주목할 만한 점은 AI 기반 자율 드론과 로봇 시스템을 구축해 정밀한 표적화와 감시를 할 수 있다는 것이다. 이로써 인적 위험을 줄이고 작전 효율성을 높인다. 이러한 시스템은 복잡하고 치열한 환경에서도 작동하므로 정찰 작전과 공격 작전 모두에 전략적 이점을 제공한다(Grishankova et al., 2022). 이런 이점 때문에 미국은 현재 인간의 개입 없이 공격 결정과 정찰 결정을 내릴 수 있는 자율 드론을 개발하고 있다. 그러나 자율 무기 시스템에는 이런 작전 효율성이라는 장점과 더불어 윤리적 · 법적 문제라는 심각한 단점도 있다. 2024년 10월 이스라엘은 팔레스타인 무장 조직

하마스의 수장 야히아 신와르(Yahya Sinwar)를 제거하는 영상을 전 세계에 공개했다. 신와르가 이스라엘 드론을 향해 나무 막대를 던지며 무기력하게 최후의 저항을 하는 모습이 48초짜리 영상으로 퍼져 나갔다. 이에 많은 사람들은 '로봇 앞에 무기력한 인간'의 미래를 상상하며 마음이 편치 않았을 것이다. 인권감시기구인 '휴먼라이트워치(Human Rights Watch)'는 이스라엘이 가자지구에서 네 개의 AI 시스템을 군과 민간 구별 없이 사용하면서 국제법을 어기고 있다고 강력하게 비판했다(우태영, 2024). 그런데 첨단 AI 시스템을 사용해 전쟁에서 유리한 고지를 점하는 것이 과연 민간인 구별 의무와 공격 전 민간인 피해 최소화를 위한 고지 의무를 어긴 전쟁법 위반일지는 생각해 볼 여지가 있다.

이스라엘이 가자지구에서 사용하는 AI 시스템은 '라벤더(Lavender)', '가스펠(The Gospel)', '아빠 찾기(Where's Daddy)' 등이다. 라벤더는 머신러닝을 활용해 가자지구에 거주하는 팔레스타인 주민이 무장 단체와 연관될 가능성을 추론한다. 이는 주민과 무장 단체가 혼재해 민간인을 구별하기 어렵다는 점을 고려하면 민간인을 구별해 공격 대상에서 제외하는 효과가 있다. 가스펠은 데이터에 기반해 공격 목표물을 구별하는 알고리즘으로 족집게처럼 테러리스트만을 특정하기 위한 도구다. 아빠 찾기는 군에서 목표로 설정한 테러리스트의 휴대전화 위치를 추적해 공격할 수 있게 한다. 목표물이 민간인 특히 가족과 함께 있는 상황에서 무리하게 공격을 감행한다면 민간인 피해가 발생할 소지가 있지만, 기술적 접근 자체를 놓고 무작정 국제법 위반이라고 단정 짓기에는 무리가 있다.

현대전 그리고 더 나아가 미래전에서는 정보통신기술을 더욱 잘 활용하는 쪽이 승리를 결정짓는 데 유리하다. 첨단 기술을 활용하면 전쟁 윤리에서 강조되는 민간인 피해 최소화를 더욱 수월하게 달성할 수 있다. 기존 전쟁은 무기의 정확도보다는 얼마나 많은 물량을 쏟아붓는지에 초점을 맞추었다. 즉 불특정 장소에 많은 양의 폭탄을 투하해 지역을 초토화하는 데 방점을 찍었다. 반면 정보통신기술이 적용된 무기 시스템은 정확하게 목표물을 타격해 주변의 피해를 최소화하는 것과 작전에 필요한 비용을 줄이는 것에 방점을 찍는다.

러시아-우크라이나 전쟁에 등장한 하이브리드전 양상

러시아-우크라이나 전쟁에서 나타난 하이브리드전 사

례를 좀 더 살펴보자. 우크라이나는 무기와 병력의 열세를 극복하기 위해 드론으로 획득한 방대한 전장 데이터를 AI 모델에 학습시켰다. 이러한 방법을 전술적 측면에서 목표물을 탐지하고 무기 시스템을 효율적으로 적용해 전투를 유리하게 이끄는 데 활용하고 있다(Hunder, 2024). 한편 러시아도 '네트워크 전쟁(network warfare)'을 실행하고 있다. 러시아는 우크라이나를 침공하면서 훈련과 준비 부족은 물론이고 정보 전달 지연이라는 상황에 직면했다. 군사정보 기관이 전장 상황을 모스크바 지휘 센터로 보내고 이를 다시 전투기에 전달하는 데 이틀 이상의 시간이 소요되었다. 이에 따라 러시아는 움직이는 적 표적을 탐지하고 공격하는 데 어려움을 겪었다. 이러한 상황에 대응해 러시아는 컴퓨터화된 지휘통제 시스템을 활용해 드론과 포병을 통합하는 전략을 활용하고 있다(송승종, 2024).

AI와 하이브리드전의 통합에 대한 윤리적 고찰

AI가 하이브리드전에 통합되면 어떤 윤리적 · 전략적 문제가 발생하는지 논의하는 것은 현대전 그리고 더 나아가 미래전을 바라보는 시각을 형성하는 데 큰 도움이 된다. AI 시스템의 신속성과 자율성은 분쟁 상황의 급속한 확산을 초래할 여지가 있다. AI 시스템이 제공하는 속도와 자율성은 인간의 의사 결정을 앞질러 갈등을 빠르게 확대해 의도하지 않은 결과가 발생할 가능성을 높일 수 있다. AI가 전장의 정보를 통합 관리하고 결정을 내리는 상황이 되면 이성적 판단이라는 인간의 기본적 의지가 개입되지 않기 때문이다. 즉 인간의 의사 결정 속도를 초과해 전혀 예상치 못한 결과가 초래될 수 있다.

러시아-우크라이나 전쟁 사례에서 보듯 드론의 비약적 개량을 통한 살상 능력 배가가 계속되고 있다. 러시아는 정찰 드론, 가짜 목표물 드론, 자폭 드론을 적극 활용하고 있다. 이에 맞서 우크라이나도 러시아 드론을 격추하기 위한 요격용 드론을 개발해 사용하고 있다. 또한 AI를 적용한 포탑을 개발해 사격 정확도를 아홉 배나 높였다. 이 포탑에 적용된 AI는 열 투시경과 유도장치 그리고 목표물과의 거리를 자동으로 계산하는 기능이 탑재되어 있다. 이에 맞서 러시아는 전파방해 기술을 적용해 우크라이나의 드론과 포탄을 방어하려 노력하고 있다. 이런 러시아의 전파방해 기술 적용은 우크라이나가 새로운 공격 패턴 변화 기술을 개발하는 데 속도를 내게 하는 원동력이 되었다.

우크라이나는 'AI 드론'이 그 답이라고 생각했다. GPS

없이 이미지 인식 시스템을 이용해 적의 군사 목표물을 식별하고, 드론 조종사와의 연결이 끊어져도 스스로 활동할 수 있는 AI 드론을 목표로 개발에 총력을 기울이고 있다. 우크라이나는 미국의 소프트웨어 회사인 팔란티어(Palantir)와 합동으로 대량의 데이터를 학습한 AI가 스스로 작동할 수 있는 드론을 개발하고 있다(우태영, 2024). 한편 AI 드론이 스스로 지형지물을 인식하고 비행경로를 설정해 폭격까지 가능해지는 상황이 되었을 때 AI가 독자적으로 내린 판단과 결정이 과연 100퍼센트 합리적일지 고민하지 않을 수 없다. AI 드론은 분명 비용을 줄이고 병력의 투입과 피해를 최소화할 수 있다는 장점이 있다. 그러나 AI가 내린 결정이 올바르다고 장담할 수 있을지는 의문이다. 민간인 피해로 인한 국제법 위반 시 책임 규명 과정에서 법적 · 윤리적 딜레마에 빠질 가능성이 상당히 크다.

머지않은 장래에 자율 무기 시스템이 전장을 누빌 것은 너무나 자명한 일이다. 재래식 무기의 개발과 운용은 국가의 기술력과 경제력에 의해 결정되는 고비용 구조에 기반한다. 그래서 일부 국가 중심의 독과점 구조가 만들어졌고, 이는 어느 정도 전쟁을 억제하는 효과로 이어졌다. 그러나 AI 기반 기술의 개발과 운용은 재래식 무기에 비해 상당히 느슨한 구조로 이루어진다. 즉 큰 비용을 감당하거나 기술적 완성도를 높이는 데 어려움이 있는 국가라도 AI 기반 하이브리드전 전술 활용에 대한 장벽이 그리 높지 않다. 이런 이유로 기존 국제 질서나 전통적 권력 구조에 변화가 생길 가능성이 크다.

요컨대 AI와 하이브리드전의 결합은 전쟁 수행 방식에 패러다임 전환을 촉진한다. 미국 바이든 행정부는 'AI 국가안보각서'에 서명하면서 안보 기관에 최첨단 AI 사용을 지시했다. 그러면서 중국과 같은 경쟁자를 앞서야 한다고 강조했다(김동현, 2024). 물론 AI가 모든 결정을 스스로 내리도록 두지 않고 반드시 인간이 개입해야 한다는 단서를 달았지만, 이런 단서는 적대국의 행동에 따라 얼마든지 변경될 여지가 있다. 이미 우리는 사람처럼 행동하는 하이브리드 AI를 이야기하는 단계에 이르렀다. 인간처럼 생각하고 행동하는 AI가 전장에 등장하면 그에 대한 대비책을 준비하지 못한 나라는 살아남을 수 없다. AI는 작전의 효율성과 타격 능력을 높이는 전략적 이점을 제공한다. 그러나 이와 동시에 윤리적 · 법적 · 안보적 도전을 수반하므로 신중한 고려와 강력한 정책적 준비가 필요하다.

참고문헌

김동현(2024.10.24). 美, 안보기관에 최첨단 AI 사용 지시…"中 같은 경쟁자 앞서야". 연합뉴스, https://www.yna.co.kr/view/AKR20241024033800071

송승종(2024.5.19). AI는 이미 전쟁 상황실에 들어와 있다. 주간조선, https://weekly.chosun.com/news/articleView.html?idxno=34697

우태영(2024.11.2). 고삐 풀린 AI전쟁, 새로운 학살 부른다. 주간조선, https://weekly.chosun.com/news/articleView.html?idxno=37991

Bergengruen, V.(2024.5.30). OpenAI Says Russia, China, and Israel Are Using Its Tools for Foreign Influence Campaigns. Time, https://time.com/6983903/openai-foreign-influence-campaigns-artificial-intelligence/

Boury-Brisset, A. & Berger, J.(2020). Benefits and Challenges of AI/ML in Support of Intelligence and Targeting in Hybrid Military Operations. *NATO OTAN*. https://www.sto.nato.int/publications/STO%20Meeting%20Proceedings/STO-MP-IST-190/MP-IST-190-09.pdf

Grishankova, E. et al.(2022). AI-Based Technologies in Hybrid Conflicts. *Journal Of Society And The State, 1-2*(10). https://sgpjournal.mgimo.ru/2022/2022-10/ai-based-technologies-in-hybrid-conflicts

Hunder, M.(2024.12.21). Ukraine collects vast war data trove to train AI models. Reuters, https://www.reuters.com/technology/ukraine-collects-vast-war-data-trove-train-ai-models-2024-12-20/

Mazzucchi, N.(2022). AI-based technologies in hybrid conflict: The future of influence operations. *Hybrid CoE Paper*, 14. https://www.hybridcoe.fi/wp-content/uploads/2022/06/20220623-Hybrid-CoE-Paper-14-AI-based-technologies-WEB.pdf

03
사이버 공격의 공범, AI

AI는 사이버 보안을 포함한 수많은 분야에 혁신을 가져왔다. AI는 방어 수단을 강화하는 동시에 공격자에게 사이버 공격을 실행할 수 있는 정교한 도구를 제공한다. 사이버 공격의 공범으로서 AI의 역할을 살펴보자.

현존하는 최고 효용의 무기

재래식 공격 무기 시스템을 개발하고 운용하는 데에는 막대한 비용과 시간이 필요하다. 또한 무기 시스템의 성능을 실험하고 실제로 사용하는 데에는 국제 관계 악화에 대한 부담감이 동반된다. 냉전 체제가 무너진 오늘날에는 그런 부담감이 더욱 클 수밖에 없다. 아울러 재래식 무기 시스템은 사용 주체가 명확하게 드러나고 목표 타격 시 파괴력의 강도를 조절할 수 없으며, 경제성도 떨어진다. 자연환경에도 막대한 장기적 악영향을 미친다. 오늘날 이런 공격 방법은 장점은 매우 적고 단점은 너무 많은 미련한 방법이 되었다.

인터넷의 등장 이후 눈부신 발전을 거듭한 정보통신 기술 덕분에 거의 모든 산업 분야에 새로운 산업혁명이 일어났고, 스마트 기기의 등장으로 이러한 혁신은 더욱 탄력을 받으며 가속하고 있다. 이에 발맞춰 전면전 상황까지는 아니지만 적국이나 공격 대상에 타격을 가하면서 공격 주체를 숨길 수 있는 현실적이고 유용한 공격 무기가 등장한다. 모두가 인터넷과 스마트 기기로 연결된 네트워크를 통해 산업 발전의 가속도를 높이려고 노력하던 때 전혀 다른 측면에서 이 기술을 바라보고 접근한 국가들이 있었다. 러시아, 중국, 북한, 이란 등이 그들이다.

이들은 인터넷 확산 초기부터 네트워크와 통신 시스템을 활용해 사이버상에서 효과적으로 공격할 수 있는 새로운 무기 시스템에 집중했다. 사이버 공격 무기가 그것이다.

상대적으로 저렴한 비용으로 무기 시스템을 개발해 운용할 수 있고, 공격자의 신원을 밝히기 어려우며, 무기의 파괴력을 높일 수 있고 동시다발적 다층 공격이 가능한 무기가 사이버 공격 무기다. 북한 같은 저개발 국가도 이런 장점만 가득한 무기 시스템에 빠질 수밖에 없었다. 현재 대한민국과 북한의 사이버전 전력은 매우 심각한 비대칭 상황에 놓여 있다. 또한 북한은 네트워크 시스템이 워낙 낙후되어 있기 때문에 공격 대상 포인트가 별로 없으며, 설사 공격한다고 하더라도 그 피해는 미미한 수준에 그칠 것이라는 전망이 모든 전문가의 공통된 의견이다. 그러나 대한민국은 이와 정반대다. 모든 사회 인프라가 네트워크로 연결된 첨단 시스템 국가인 대한민국은 사이버 공격에 매우 취약하다. 그런데 사이버전 전력도 취약한 상태다. 이러니 북한이 대한민국을 사이버 공격 무기의 시험장으로 적극 활용하며 짓밟는 결과가 수십 년째 이어지는 것이다. 여기에 더해 AI가 발전을 거듭하며 사이버 공격의 새로운 지평을 열어 가고 있다.

AI를 악용한 사이버 공격의 증가

챗GPT는 새로운 정보 검색의 지평을 열었다는 평가를 받는 유용한 도구다. 그런데 사이버 공격의 주체들은 이 유용한 도구를 무기화할 아이디어를 집중적으로 고안하고 있다. 악성 콘텐츠를 제작하고 정교한 공격을 실행하는 데 챗GPT를 적극 활용하는 추세가 두드러지고 있다. 사이버 보안 분야에서 AI는 전략적 중요 자산으로 주목받고 있다. 공격자와 방어자 모두 AI를 통해 공격을 정교화하거나 방어의 정확도를 높이려고 노력하고 있다. 하지만 현실적으로 공격자가 조금 더 유리한 위치에 있다. 사이버 보호 전문 기업 아크로니스(Acronis)가 2023년 상반기 발표한 사이버 위협 보고서 "혁신에서 위험으로: AI 기반 사이버 공격의 관리"(황정호, 2023; 박현진, 2023)에 따르면 피싱 공격 건수가 2022년에 비해 464퍼센트 급증했다. 공격자들은 LLM 기반 AI 플랫폼을 사용한 능동적 학습을 통해 새로운 공격을 생성 · 자동화 · 확장 · 개선하는 등 진화하는 사이버 공격 환경을 조성했다. 그리고 랜섬웨어 공격은 매우 심각한 상황을 계속 초래하고 있다. 이런 사회적 위험의 증가는 공격자가 네트워크에 침입할 수 있는 환경에 기인한다. 제로데이 익스플로이트(Zero-Day Exploit)를 탐지할 수 있는 강력한 보안 설루션이 부족하고, 취약한 소프트웨어의 업데이트를 적시에 진행하지 못하며, 데이터 백업 전략을 포함한 데이터 백업 프로토콜을 준수하지 못하는 등의 문제가 공격자를 불러들이는 결과로 이어졌다. 국가정보원과 과학기술정보통신부 등이 공동으로 발간한 "국가정보보호백서"에 따르면 앞으로 공격자가 머신러닝 기술을 활용해 보안 시스템을 우회할 것이고, 개인 데이터를 무분별하게 수집해 사이버 공격에 사용할 것이며, AI 소프트웨어 공급망이 공격 대상으로 부상할 것이고, 오픈소스 코드와 클라우드 서비스의 취약점이 공격당할 가능성이 높다(장아영, 2024).

공격자의 선택

공격자들은 다양한 방식으로 AI를 활용할 수 있다. 네트워크 시스템의 소프트웨어와 보안 프로그램들은 어떤 형태로건 태생적으로 취약점을 가질 가능성이 높다. 따라서 이런 취약점을 보이는 패턴을 찾아 공격에 활용하는 것이 공격자들의 기본 방법이다. 또한 공격자는 AI를 활용해 피싱 이메일을 작성하는데, 인간이 작성한 것보다 더 정교한 이 피싱 이메일을 받은 대상자는 그것을 클릭할 가능성이 상대적으로 높다. 아울러 공격자는 AI로 제작한 악성코드를 통해 시스템의 자동화된 방어 도구들의 탐지 범위를 넘어서는 공격을 실행할 수 있다(황치규, 2022). AI의 능력이 증대되면 될수록 자연스러운 우연을 가장한 시스템 해킹이 더 쉽게 가능해질 전망이다.

AI 기반 해킹 공격 무기

AI는 피싱 공격을 더욱 정교하고 개인화된 형태로 발전시키고 있다. AI 알고리즘은 방대한 데이터를 분석해 실제와 매우 유사한 피싱 이메일을 생성함으로써 수신자가 속을 가능성을 더욱더 높이고 있다.

마이크로소프트의 생성형 AI인 코파일럿(Copilot)이 악용되어 자동화된 스피어피싱(spear phishing) 캠페인이 실행된 사례가 있다(문가용, 2024). 연구자들은 코파일럿이 개인화된 피싱 이메일을 생성하도록 조작될 수 있음을 시연하기도 했다.

딥페이크 기술도 중요한 사이버 공격 무기로 등장했다. 딥페이크 기술은 AI를 활용해 실제와 구분하기 어려운 가짜 음성이나 영상을 생성한다. 사이버 공격자들은 이를 이용해 특정 인물을 사칭하며 금융 사기 등의 범죄를 저지르고 있다. “엄마, 나 사고 났어. 빨리 돈 좀 보내줘”라며 자녀의 목소리로 전화가 온다면 당신은 어떻게 대응할 것인가? 자녀를 사칭하는 것은 물론 목소리까지 같다면 속을 수밖에 없다. 이런 딥페이크를 이용한 보이스피싱 사기가 실제로 2023년 3월 캐나다에서 발생했다. 보이스피싱범은 "아들이 교통사고로 미국인 외교관을 숨지게 한 혐의로 수감됐다"며 부모에게 거액을 요구하면서 암호화폐로 송금하라고 요구했다(류영상, 2023). 범인은 부모에게 딥페이크 기술을 적용한 아들의 가짜 목소리를 들려줘 부모를 속였다. 이런 악용 사례는 계속 늘어날 전망이며, AI 딥페이크가 계속 발달하면 그 피해는 더욱더 커질 것이다.

AI 기반 악성코드도 심각한 문제로 급부상하고 있다. AI는 악성코드가 보안 시스템을 우회하고 탐지를 피할 수 있도록 실시간으로 그것의 행동을 조정하는 데 활용된다. 이러한 악성코드는 전통적인 보안 방어를 무력화하는 데 효과적이다. 2023년부터 활동한 SugarGh0st 원격 액세스 트로이목마(Remote Access Trojan, RAT)는 AI 기반 악성코드의 대표적 사례다. 이는 다양한 지역의 정부 기관과 민간 부문을 대상으로 하는 사이버 스파이 캠페인에 사용되었으며, 고급 회피 기술과 적응력을 보여 주었다.

AI에 기반한 자동화된 취약점 탐지 및 공격 프로그램

도 널리 쓰인다. AI 시스템은 사람의 개입 없이도 자율적으로 취약점을 스캔하고 공격을 실행할 수 있다. 이러한 자동화는 공격 프로세스를 가속화하고 사이버 공격의 규모를 확대할 수 있다(Valencia, 2024). 2024년에 개발된 자율 AI 에이전트인 리퍼AI(ReaperAI)는 사이버 공격을 시뮬레이션하고 실행하도록 설계되었다. 리퍼AI는 GPT-4와 같은 대규모 언어 모델을 활용해 보안 취약점을 자율적으로 식별하고 악용함으로써 사이버 보안의 윤리적 · 운영적 문제를 분석해 공략할 수 있는 잠재력을 보여 줬다.

AI를 활용한 DDoS 공격도 사이버 공격의 효과를 증대했다. AI는 DDoS 공격의 효율성을 높이는 데 활용되며, 목표 시스템의 약점을 파악하고 최적의 공격 방법을 결정하는 데 사용된다. '어나니머스 수단(Anonymous Sudan)'은 2023년 1월 중순부터 활동하기 시작한 해킹 그룹이다. 이들은 AI 기반 전략으로 소규모 국가, 정부 기관, 대학, 신문사, 병원 등 다양한 대상에 대한 DDoS 공격을 3만 5000건 이상 자행했고, 이를 빌미로 금전을 갈취했다. 이는 AI가 사이버 공격의 효과를 어떻게 증대할 수 있는지 보여 준다.

생성형 AI를 활용한 허위 정보 생산과 확산은 국가의

정치적 상황을 악화시킬 수 있다. AI는 대량의 허위 정보를 생성하고 확산하는 데 활용된다. 생성형 AI로 만들어진 허위 정보가 공공의 신뢰를 저하할 수 있고, 사회 내 갈등과 반목을 부추길 수 있다(Elliott, 2024). 2024년 미국 선거 기간 동안 AI 생성 딥페이크와 허위 정보의 확산에 대한 우려가 제기되었다. 이는 정치적 과정에 AI가 미칠 수 있는 잠재적 영향을 잘 보여 주었지만, 예상보다 그 부정적 파장이 크지 않았다며 다행스러워하는 분위기도 엿볼 수 있었다. 그 이유는 딥페이크 기술로 상대 후보에 대한 악의적 이미지를 만들어 내는 데 필요한 기술의 복잡성이 높았고, 사전에 이미 법률적 가이드라인이 마련되어 있어 누구도 법을 어기면서까지 그런 콘텐츠를 제작할 만한 명분을 얻지 못했기 때문이다.

국가들은 스파이 활동을 수행하고, 적대국의 주요 인프라를 교란하고, 전략적 이점을 확보하는 데 AI를 활용하려 점점 더 노력하고 있다. 미국, 중국, 러시아와 같은 국가들이 군사적 · 전략적 목적으로 AI 기술을 개발하며 경쟁하고 있다. 이런 경쟁은 지정학적 긴장을 설명하는 '인공지능 냉전'이라는 개념을 등장시켰다. AI는 굉장히 중요한 정치적 · 군사적 · 외교적 자산으로 떠올랐고 앞으로 그 경쟁은 더욱 심화할 것이다.

AI 기반 사이버 공격에 대한 방어 조치

AI가 공격자의 도구가 되면서 방어 측면에서도 AI가 매우 중요해지고 있다. AI 기반 사이버 보안 설루션은 이상 징후를 탐지하고 잠재적 위협을 예측하며 기존 방식보다 더 효율적으로 공격에 대응할 수 있다. 이를 위해 먼저 제로 트러스트 아키텍처(zero trust architecture) 도입이 필요하다(김은비, 2024). 모든 사용자와 디바이스를 신뢰하지 않고 지속적으로 검증하는 제로 트러스트 모델을 통해 내부와 외부의 위협을 효과적으로 차단할 수 있다. 그다음으로 AI 기반 보안 설루션 활용이 필요하다. AI 기반 보안 시스템은 실시간으로 데이터를 분석하고 패턴을 학습해 새로운 위협을 탐지하고 방어할 수 있다. 이어 지속적 학습과 업스킬링이 필요하다(Rosenmund, 2024). 조직 구성원들이 AI 기술을 활용한 공격에 대비할 수 있도록 지속적인 교육과 기술 향상이 이뤄져야 한다. 마지막으로 선제적 방어 전략 수립이 필요하다. AI를 활용한 모의 해킹 서비스 등을 통해 잠재적인 취약점을 사전에 식별하고 보완하는 것이 중요하다.

요컨대 사이버 보안에서 AI는 기회와 도전을 동시에 제시한다. AI는 사이버 위협에 대한 방어 능력을 향상할 뿐 아니라 공격자에게 더 정교하고 강력한 피해를 줄 수 있는 공격 무기를 제공한다. 따라서 사이버전에서 AI가 담당하는 역할에 대한 포괄적 이해는 악의적 사용을 완화하기 위한 효과적인 전략을 개발하는 데 필수적이다. 방어자는 방어에 한정된 관점이 아니라 공격자의 시각으로 방어 전략을 수립해야 방어 성공률을 높일 수 있다.

참고문헌

김은비(2024.12.21). 날로 심각해지는 AI 공격 방어책 "제로 트러스트, 선택 아닌 필수". GTT Korea, https://www.gttkorea.com/news/articleView.html?idxno=15722

류영상(2023.7.15). AI에 3억원 털렸다…부모도 감쪽같이 속이는 AI 보이스피싱, 대처는. 매일경제, https://www.mk.co.kr/news/economy/10785582

문가용(2024.8.9). 인공지능 시스템을 공략하는 방법, 하나 둘 등장하고 있다. 보안뉴스, https://m.boannews.com/html/detail.html?tab_type=1&idx=131939

박현진(2023.8.11). 인공지능 악용한 사이버공격 증가!…랜섬웨어 공격과 데이터 절도, 공격은 464% 증가. 인공지능신문, https://www.aitimes.kr/news/articleView.html?idxno=28715

장아영(2024.6.16). AI 발전으로 사이버공격 심화할 것. YTN, https://www.ytn.co.kr/_ln/0105_202406162311356434

황정호(2023.8.11). 아크로니스, '2023 상반기 사이버 위협 보고서' 발표…AI 기술 악용한 사이버공격 증가. tech42,

https://www.tech42.co.kr/아크로니스-2023-상반기-사이버-위협-보고서-발표/
황치규(2022.9.16). AI 활용 해킹의 진화…창이냐 방패냐. Digital Today, https://www.digitaltoday.co.kr/news/articleView.html?idxno=461491
Rosenmund, A.(2024.11.4). AI 기반 공격에 맞서 싸우기: 적절한 방어 전략. Unite.AI, https://www.unite.ai/ko/AI-%EA%B8%B0%EB%B0%98-%EA%B3%B5%EA%B2%A9%EC%97%90-%EB%A7%9E%EC%84%9C-%EC%8B%B8%EC%9A%B0%EA%B8%B0-%EC%A0%81%EC%A0%88%ED%95%9C-%EB%B0%A9%EC%96%B4-%EC%A0%84%EB%9E%B5/
Elliott, V.(2024.12.26). The Year of the AI Election Wasn't Quite What Everyone Expected. Wired, https://www.wired.com/story/the-year-of-the-ai-election-wasnt-quite-what-everyone-expected/
Valencia, L. J.(2024.5.9). Artificial Intelligence as the New Hacker: Developing Agents for Offensive Security. ArXiv, https://arxiv.org/abs/2406.07561

04
AI 딥페이크·딥보이스와 사이버 심리전

AI를 활용해 시청각 콘텐츠를 인위적 혹은 조작적으로 생성하는 딥페이크와 딥보이스 기술은 빠르게 진화하며 사이버전에서 새로운 수단으로 활용되고 있다. 이 기술들이 어떻게 허위 정보를 양산하고 확산해 혼란을 초래하고 전쟁에서 유리한 고지를 점령하는 데 기여하는지 살펴보자.

기대를 넘어 우려로

딥페이크는 AI 딥러닝(deep learning)과 가짜(fake)라는 영어 단어를 조합한 말로, AI가 딥러닝 알고리즘을 통해 사람의 얼굴, 목소리, 움직임 등을 학습하고 그 결과를 바탕으로 생성자의 명령어에 따라 특정 대상의 얼굴, 목소리, 행동 패턴 등을 합성하는 기술을 가리킨다. 즉 딥페이크는 AI를 활용해 실제와 구분하기 어려운 가짜 시청각 콘텐츠를 생성하는 기술로, 빠르게 발전하고 있다. 이런 기술은 엔터테인먼트와 교육 분야에 혁신적 변화와 기회를 제공한다. 그러나 악의적 목적으로 사용되면 개인, 조직, 사회 전반에 심각한 위협을 초래할 수 있다.

딥페이크는 생성적 적대 신경망(GAN)을 활용해 인위적으로 영상을 만든다. GAN은 데이터를 생성하는 딥러닝 모델이며, 두 개의 신경망을 경쟁적으로 학습시켜 새로운 데이터를 생성하는 방식으로 작동한다. 이 기술을 이용해 생성한 콘텐츠는 문화와 예술에 큰 반향을 일으키고 있다. 일반적으로 AI에 침범받을 것이라고 예상되었던 분야는 인간의 지능을 이용하는 전문직 분야였다. 변호사, 의사, 회계사 등의 직업군이 앞으로 위험에 처할 것이라는 의견이 많았다. 한편 창작 영역인 문화와 예술 분야는 AI가 아직 쉽게 침범할 수 없을 것이라고 인식되었다. 그러나 이런 예측이 AI의 혁신적인 기술 발달로 인해 빠르게 무너지고 있다. 전문 영역뿐 아니라 창작 영역도 AI에 자리를 내줘야 하는 상황에 직면했다.

조작 역사의 발전

인류 역사에서 사실을 왜곡하고 조작하는 일은 반복적으로 이뤄지며 발전해 왔다. 사람들은 눈에 보이는 것을 믿으려는 경향이 있다. 특히 과장되고 자극적인 것에 민감하게 반응하는 사람의 속성을 이용해 이야기를 지어내 퍼뜨리는 행위는 개인 간은 물론이고 사회적이고 정치적인 사안에 널리 사용되었다. 시청각 기술이 발달하기 시작하면서 이런 경향은 더욱 발전했다. 사진을 조작하는 기술이 19세기에 개발되었고, 영화라는 새로운 메시지 전달 도구가 등장해 곧바로 사용되었다. 디지털 비디오의 등장은 이런 흐름을 더욱 촉진했다. 일반 영화 콘텐츠는 물론 포르노 콘텐츠도 적극적으로 새로운 기술을 적용해 사람들의 호기심을 자극하도록 발전했으며, 딥페이크 기술이 등장한 현시점에는 사회 전반에서 조작과 변화가 일반화하고 있다.

누구나 딥페이크로 허위 정보를 양산하는 시대

여러 학자와 전문가는 딥페이크 기술이 허위 정보를 더욱 쉽게 양산해 사람들을 혼란에 빠뜨릴 것이며, 증오심을 조장하는 데 사용될 것이라고 우려하면서 이 기술로 양산된 콘텐츠의 사용을 제한하는 정책을 마련해야 한다고 권고하고 있다. 그러나 딥페이크 기술의 편의성이 계속 증대해 누구나 사용할 수 있는 단계에 이르면서 부정적 사용으로 인한 피해가 속출하고 있다. 딥페이크를 이용한 조작과 허위 정보 양산은 우리가 쉽게 접하는 영화와 드라마 등에서 주제로 활용되고 있다. 이는 이미 사회적 문제로 대두된 현상을 미디어에서 적극 활용하며 경각심을 불러일으키려는 것이지만, 자칫하면 모방 범죄를 부추기는 동인으로 작용할 여지가 있다. 실제로 지인의 사진을 포르노 영상과 합성해 SNS에 노출하고 불법적으로 금전을 취득하거나, 누군가를 협박할 목적으로 사용하는 범죄가 언론에서 자주 보도된다.

정치적 목적의 허위 정보 생성에 사용되는 딥페이크

딥페이크 기술의 오용은 다양한 형태의 사이버 공격과 사회적 피해로 이어지고 있다. 사악한 행위자들은 딥페이크 기술로 개인을 사칭하며 오디오, 이미지, 비디오를 조작해 범죄를 저지른다.

이 가운데 허위 정보 생산을 통한 정치 조작은 다양한 형태와 방향으로 진화하고 있다. 딥페이크가 허위 정보를 퍼뜨리는 데 사용되어 여론에 영향을 미치고 민주적 절차를 훼손할 가능성이 증가하고 있다. 2024년 2월 22일 윤석열 대통령의 가짜 연설 영상이 온라인에 올라와 논란이 되었다. 공직선거법 개정안인 '딥페이크 금지법'이 마련되자 이를 비웃듯 이런 영상이 올라온 것이다. 서울경찰청의 조사 결과 44초 분량의 이 영상은 윤석열 대통령의 과거 연설 장면을 짜깁기해 만든 것이었다. 이 영상에서 윤석열 대통령은 "무능하고 부패한 윤석열 정부는 특권과 반칙, 부정과 부패를 일삼았다"라거나 "저 윤석열은 상식에서 벗어난 이념에 매달려 대한민국을 망치고 국민을 고통에 빠뜨렸다"고 말했다. 방송통신심의위원회는 회의를 열고 해당 영상을 삭제 및 차단할 것이라고 밝혔다. 경찰에서는 허위 사실 적시에 따른 명예훼손으로 영상 제작자와 배포자를 수사한다고 발표했다(김재환, 2024). 현재 대한민국은 매우 심각한 정치적 위기 상황에 놓여 있어 진영 간 갈등이 최고조에 달해 있다. 이런 상황에서 가짜 영상을 제작하고 배포한 행위자의 의도가 갈등 유발이라는 것은 누구나 인지할 수 있다. 그럼에도 이러한 가짜 영상은 정치적 견해를 달리하는 이들에게 악용할 동인을 제공하며, 나라를 더욱 혼란스럽게 만드는 수단 중 하나가 되었다.

미국에서도 이와 유사한 딥페이크 사건이 벌어졌다. 바이든 전 대통령이 트랜스젠더 여성을 향해 “당신은 결코 여자가 될 수 없다”며 막말하는 영상, 트럼프 대통령이 감옥에 가는 사진, 민주당의 힐러리 클린턴(Hillary Clinton)이 공화당 대선 후보이자 플로리다주 주지사인 론 디샌티스(Ron DeSantis)를 공개 지지하며 “나는 사실 론 디샌티스를 좋아한다. 그는 이 나라에 필요한 사람이다”라고 말하는 영상(최서은, 2023) 등은 미국 대선 기간 중 국민을 혼란에 빠뜨리며 정치 진영 간 갈등을 최고조로 끌어올리는 역할을 했다. 이런 일련의 조작된 가짜 영상들은 정치적 진영 논리에 따라 얼마든지 악용될 소지가 있어 유권자들이 진짜와 가짜를 구별하는 데 어려움을 겪게 할 가능성이 높다.

전쟁 중 심리전 도구로 활용되는 딥페이크

정치적 딥페이크의 부정적 조작과 심리전을 잘 보여 주는 사례가 러시아-우크라이나 전쟁 중에 나타났다(Coker,

2022). 2022년 3월 볼로디미르 젤렌스키(Volodymyr Zelensky) 우크라이나 대통령이 자신의 군대에 항복을 촉구하는 모습을 꾸며 낸 딥페이크 동영상이 소셜 미디어에 등장한 것이다. 젤렌스키 대통령은 곧바로 이 영상이 조작된 것임을 밝히고 강력한 경고 메시지를 SNS에 게재했다. 그러나 우크라이나 국민 사이에서는 분명 다양하고 분분한 갈등이 일어났을 것이다. 러시아의 노림수는 일정 부분 성공을 거두었다고 할 수 있다. 전쟁을 치르고 있는 상황에서 적국의 전쟁 의지를 약화 혹은 무력화하는 전략은 매우 중요한 수단 중 하나며, 심리전 측면에서 반드시 필요한 전략이다.

젤렌스키 대통령의 항복 관련 가짜 영상이 등장한 시점과 비슷한 시기에 푸틴 대통령이 평화를 선언하는 모습이 담긴 딥페이크 영상이 등장했다. 2022년 2월에 크렘린이 게시한 푸틴의 실제 영상을 조작해 만든 이 영상은 SNS상에서 '조작된 영상'으로 분류되긴 했지만, 이 영상을 본 사람들 사이에서 푸틴의 의도가 무엇이었을지 의견이 분분했을 것은 너무도 자명하다. 사람들은 자신이 지지하는 정치인의 발언을 무조건 수용하고 믿으려는 경향을 보이기 때문이다.

이스라엘-하마스 전쟁 중에도 딥페이크 영상은 사람

들을 현혹했다. 네덜란드-팔레스타인계 미국인 모델이 이스라엘-하마스 전쟁과 관련해 이스라엘을 지지한다는 발언이 담긴 딥페이크 동영상이 온라인을 뜨겁게 달궜다. 이 영상에서 미국의 유명 모델인 벨라 하디드(Bella Hadid)는 "2023년 10월 7일 이스라엘은 하마스로부터 비극적인 공격을 받았다. 나는 침묵할 수 없다. 과거 발언엔 사과드린다"라거나 "나는 테러에 맞서 이스라엘 편에 서기로 했다. 역사적 맥락을 진정으로 배울 수 있었다"고 말한다. 그러나 이 영상은 딥페이크 기술로 조작된 것이며, 실제로 하디드는 SNS를 통해 가자지구 내 민간인 피해를 알리고 관심을 호소하며 이스라엘군의 폭격 중단을 요청하는 메시지를 계속 전달했다(이은호, 2023). 이런 가짜 영상은 하디드를 응원하는 사람들을 혼란에 빠뜨렸다. 이스라엘 측은 이 영상을 자국민과 팔레스타인인들에게 팔레스타인의 부정적 면모를 적극적으로 홍보하는 유용한 도구로 활용했을 것이다.

소셜 미디어 엑스에 "이스라엘군이 사망자를 조작하는 모습"이라는 제목으로 올라온 영상에서는 군복을 입은 사람이 바닥에 쓰러진 청소년을 카메라로 찍는 장면이 담겨 있다(신기섭, 2023). 그러나 이 영상은 이스라엘-하마스 전쟁 중 촬영된 영상이 아니라 이스라엘군에

점령당한 후 팔레스타인 사람들이 떠난 지역을 알리기 위해 제작된 단편 영화의 제작 현장을 소개하는 영상이었다. 그러나 이 영상을 본 많은 사람들은, 특히 팔레스타인 사람들은 이 영상을 보며 무슨 감정이 가장 먼저 들었을까. 바로 이스라엘에 대한 분노와 적개심이었을 것이다. 이를 통해 전의를 불사르며 이스라엘에 대한 결사항쟁을 다짐했을 것이다. 또한 하마스 무장 대원이 대전차 화기로 이스라엘 헬리콥터를 격추하는 영상이 올라와 높은 조회수를 기록했다. 이 영상은 한 비디오 게임을 바탕으로 만들어진 가짜 영상으로 드러났지만, 여전히 SNS에서 유통되며 사람들을 부추기고 있다(윤석이, 2023). 이렇듯 가짜 영상을 삭제한다고 해도 이미 그것을 본 사람들의 머릿속에 각인된 이미지는 없어지지 않는다.

일반 시민의 삶에 파고든 딥페이크 사기

딥페이크로 생성한 가짜 영상은 정치권과 전쟁 상황에서만 활개를 치는 것이 아니다. 우리의 일상생활 속에서도 새로운 기술을 활용한 사기 범죄가 계속 늘어나고 있다. 특히 딥페이크는 금융 사기에 매우 지능적으로 활용되고 있다. 2019년에는 범죄자들이 AI 기반 음성 모방 기술로 CEO의 목소리를 사칭해 부하 직원에게 24만 3000달러를 사기 계좌로 이체하도록 지시했다(Breacher, 2024). 딥페이크를 이용한 음성 합성 기술로 CEO나 고위 임원을 사칭해 금융 사기를 저지르는 사례가 계속 나타나고 있다. 이는 기업의 재정적 손실을 야기할 뿐 아니라 신뢰도에도 악영향을 미친다.

딥페이크 기술은 비동의 음란물 제작과 유포에 적극적으로 활용되어 피해자에게 심각한 정신적 고통을 준다. 이는 주로 여성들을 대상으로 많이 발생하며, 온라인을 통해 빠르게 확산하면서 피해가 더욱 확대되는 경향을 보인다. 이제 누구도 가짜 조작 영상에서 자유롭지 못한 세상으로 변해 가고 있다.

적절한 대응 방법

딥러닝, 빅데이터 그리고 이미지 처리의 발전은 딥페이크 기술 사용을 일반화하고 있으며, 이는 온라인을 통한 허위 정보 확산을 촉진하는 계기가 되었다. 여론 조작, 지정학적 긴장, 금융 시장 혼란, 사기, 명예훼손 및 신원 도용을 포함해 심각하고 다양한 위험이 발생하고 있다. 따라서 딥페이크 악용에 대응하려면 다양한 접근 방법이 필요하다. 먼저 기술 설루션 측면에서는 시청각 데이터의 불일치를 분석해 딥페이크 콘텐츠를 식별할 수 있는

AI 기반 탐지 도구를 개발·배포하는 것이 중요하다. 예를 들어 연구자들은 딥페이크 영상에서 나타나는 얼굴 움직임이나 조명 불일치에서 미묘한 이상 징후를 감지하는 알고리즘을 개발하고 있다(Gambín et al., 2024). 둘째 방법은 법적 규제 조치를 강화하는 것이다. 딥페이크 기술의 악의적 사용을 범죄로 규정하는 법률을 시행하는 것이 필수적이다(Malhotra et al., 2024). 셋째 방법은 대중 인식 전환과 환기를 위한 교육 확대다. 딥페이크의 존재와 잠재적 오용 가능성에 대한 인식을 높이면 디지털 콘텐츠를 비판적으로 평가하는 개인의 역량을 강화할 수 있다. 인터넷이 등장하면서 논의되기 시작한 '인터넷 리터러시'의 방향성을 새로운 디지털 환경에 부합하도록 전환해 '디지털 미디어 리터러시' 교육을 다각적으로 실행해야 한다. 이는 새로운 디지털 속임수에 대한 회복력을 키우는 데 큰 도움이 될 것이다.

딥페이크가 혁신적 기술이라는 것은 재론의 여지가 없다. 그러나 딥페이크는 악의적 목적으로 악용되면 기술·법·교육 전 영역에 걸쳐 사용자와 수용자의 심각한 피해로 이어질 가능성을 내포하고 있어 세심한 조율이 필요하다. 딥페이크의 이점을 적극 활용하되, 딥페이크가 가진 위험을 이해하고 포괄적인 대응 전략을 구현함으로써 실제적 피해와 잠재적 피해 모두를 최소화할 방안을 강구해야 한다.

참고문헌

김재환(2024.2.23). "저 윤석열, 국민을 고통에"…대통령 가짜 영상 확산. 국민일보, https://www.kmib.co.kr/article/view.asp?arcid=1708607657

신기섭(2023.10.13). "군 장성 생포 장면", "군 사망자 조작 모습" 등 이스라엘-팔레스타인 전쟁 관련 '가짜 뉴스'가 소셜 미디어에 퍼지고 있다. Huffington Post, https://www.huffingtonpost.kr/news/articleView.html?idxno=213697

윤석이(2023.10.12). SNS 떠도는 이스라엘 전쟁 가짜뉴스…'정보전' 가열 우려. 연합뉴스, https://www.yna.co.kr/view/MYH20231012012100032

이은호(2023.11.1). 팔레스타인계 모델 "이스라엘 지지"…알고 보니 딥페이크. 쿠키뉴스, https://www.kukinews.com/article/view/kuk202311010225

최서은(2023.5.31). 미 대선 'AI 딥페이크' 주의보. 경향신문, https://www.khan.co.kr/article/202305312225025

Breacher(2024.11.21). 7 Alaming Deepfake Attacks Examples You Need to Know. https://breacher.ai/deepfake/deepfake-attack-examples/

Coker, J.(2022.6.3). Top 10: Deepfakes. Infosecurity Magazine, https://www.infosecurity-magazine.com/magazine-features/top-10-deepfakes

Gambín, Á. F. et al.(2024). Deepfakes: current and future trends. *Artificial Intelligence Review*, 57(64).

Malhotra, P. et al.(2024.12.18). Report on deepfakes: what the Copyright Office found and what comes next in AI regulation. Reuters, https://www.reuters.com/legal/legalindustry/report-deepfakes-what-copyright-office-found-what-comes-next-ai-regulation-2024-12-18/

05
AI 스파이

AI는 다양한 분야에서 혁신을 이끌고 있으며, 첩보 활동도 예외는 아니다. AI의 도입은 전통적인 스파이 기법을 변화시키며 데이터 수집, 분석, 의사 결정 능력을 향상하고 있다. AI가 첩보 활동에서 수행하는 다양한 역할을 살펴보고, 이러한 변화가 글로벌 안보에 미치는 영향을 논의해 보자.

내 기계도 믿을 수 없는 세상

내가 사용하는 휴대전화와 컴퓨터가 스파이 행위에 이용되어 내 일상 대화를 몰래 엿듣고 있다. 그뿐만이 아니라 거리, 카페, 회사 등에 설치된 CCTV가 대량 감시를 부추기고, 곳곳에 존재하는 마이크가 스파이 활동에 적극 활용되고 있다. 시리(Siri), 알렉사(Alexa), 빅스비, 헤이 구글(Hey, Google)이 정말 내 옆에서 나를 돕는 AI 비서 역할만 할까? 이것들은 내가 하는 대화를 항상 듣고 있다. 그 대화를 저장하지 않을 뿐이다. 챗GPT에서 내가 입력한 명령어와 자료, 마이크로소프트의 코파일럿에서 내가 실행한 여러 작업이 내 컴퓨터에만 저장될 것이라고 믿는 사람은 없을 것이다. 생성형 AI 기반의 프로그램에서 내가 입력한 모든 내용은 원격 클라우드 서버에 저장되고 분석된다. 이런 프로그램을 만드는 일반 기업은 개인정보 보장에 관한 약관을 가지고 있음에도 AI 서비스 지원이라는 명목으로 일반적인 정보는 물론 민감한 정보도 취합해 분석한다.

이런 취합과 분석 활동으로 인해 많은 기업이 자사 직원들이 사내에서 생성형 AI를 사용하지 못하도록 조치하기도 했다(신윤재, 2023). 회사의 민감한 정보가 무분별하게 생성형 AI에 업로드되어 외부로 유출될 가능성을 차단하기 위해서 이런 조처를 취하는 것이다. 1950년대에서 2000년대 초반까지 '스파이'는 각종 영화에서 매력적인 직업으로 그려졌다. 예전의 스파이 세상에서 소형 카메라, 각종 형태의 도청기가 중요한 정보 취합 도구였다면, 오늘날의 스파이 세상에서는 AI가 그 역할을 대신하고 있다. 스파이의 세계에서 상대가 가진 다양한 도구들은 모두 정보를 캐낼 수 있는 좋은 도구가 된다.

첩보 활동의 새로운 도구, AI

첩보 활동은 국가 안보의 핵심 요소로, 전략적 우위를 확보하기 위해 비밀리에 정보를 수집하는 것을 의미한다. 전통적으로 이러한 활동은 인간 정보원을 활용해 감시, 도청, 침투로 정보를 수집하는 인간 정보(human intelligence, HUMINT), 통신 신호 및 전자 신호 등을 가로채서 정보를 얻는 신호 정보(signal intelligence, SIGINT) 그리고 위성 사진 등의 이미지를 수집하고 해석해 정보를 얻는 영상 정보(imagery intelligence, IMINT)에 크게 의존해 왔다(Florkin, 2024a). 그러나 AI의 등장으로 이러한 전통적인 방법이 보완되면서 정보 수집과 분석이 더욱더 효율적이고 포괄적으로 이루어지고 있다. AI는 방대한 양의 데이터를 빠른 속도로 처리할 수 있어 인간 분석가보다 신속하게 정보를 선별할 수 있다. 머신러닝 알고리즘은 패턴과 이상 징후를 식별하고, 잠재적 위협을 예측해 첩보 활동에서 선제 대응을 가능하게 한다. 또한 AI 기반 감시 시스템은 실시간으로 움직임과 통신을 추적하고 분석하는 능력을 향상해 모니터링 역량을 강화하고 있다.

AI 기반 감시와 데이터 분석

첩보 활동에서 AI가 탁월한 능력을 보이는 분야 중 하나는 감시와 데이터 분석이다. AI 알고리즘은 소셜 미디어, 통신, 공공 기록 등 다양한 출처에서 수집된 대규모 데이터 세트를 처리하고 분석해 잠재적인 보안 위협을 식별할 수 있다. 예를 들어 AI 기반 도구는 소셜 미디어 플랫폼을 모니터링해 급진화의 징후나 불법 활동의 계획을 탐지할 수 있다.

2023년 보안 전문가 브루스 슈나이어(Bruce Schneier)는 AI 모델이 대화 데이터의 분석과 요약을 자동화해 인간 노동을 요하는 스파이 활동의 장벽을 낮추는 새로운 대규모 감시 시대를 가능케 한다고 강조했다(Edwards, 2023). 슈나이어는 "AI는 행동을 관찰하는 것에서 의도를 해석하는 단계로 빠르게 전환할 수 있게 만들었다"고

말하며, AI가 새로운 대규모 정보 취합과 분석이 이루어지는 스파이 시대를 열고 있다고 강조했다. 또한 AI는 사이버 첩보 분야에서도 그 역할이 확대되고 있다. FBI는 COVID-19 팬데믹 이후 사이버 범죄 신고가 300퍼센트 증가했다고 보고했다. 이는 AI가 사이버 보안과 첩보 활동에서 점점 더 필요성이 증대되고 있음을 보여 준다 (Florkin, 2024a).

AI를 활용한 첩보 활동의 실제 사례

첩보 활동에서의 AI 활용은 이론에 그치지 않고 실제로 여러 사례를 통해 입증되고 있다. 첫째 사례는 2024년 5월 밝혀진 SugarGh0st RAT 캠페인이다(Alan J, 2024). SugarGh0st RAT 캠페인은 원격 액세스 트로이목마 악성코드를 활용한 사이버 첩보 캠페인으로, 미국의 AI 전문가들을 공격 대상으로 진행되었다. 공격자들은 AI 기반 피싱 기법을 사용해 시스템에 침투하고, 인공지능 연구 및 개발과 관련된 민감한 정보를 탈취했다. 연구자들의 지배적 의견은 미국 정부가 생성형 AI 기술에 대한 중국의 접근을 제한하려 하자 중국과 연계된 세력이 그 기술과 관련된 기밀을 수집하려는 의도로 이 캠페인을 진행했다고 본다. 연구자들은 "UNK_SweetSpecter"라는 중국과 관련된 사이버 공격자의 행동에 집중했다. 이 공격자는 당시 미국 전문가로부터 생성형 AI 관련 기밀을 수집하기 위해 사이버 스파이 캠페인을 벌이고 있었고, 많은 연구자가 이를 이미 인지하고 있었다. 이런 사례와 더불어 중국은 AI 기술을 단순히 훔치는 데서 더 나아가 미국인의 데이터를 타깃별로 수집해 정제하고 있다. 미국 국가안보국(NSA) 법무 자문위원을 지낸 글렌 거스텔(Glen Gerstell)은 "중국이 사실상 모든 미국인의 건강 기록부터 신용카드 정보, 여권 번호, 주소까지 세부 사항이 담긴 정보 파일을 구축하는 데 AI를 활용할 수 있다"고 경고했다(박신영, 2023).

둘째 사례는 CIA와 MI6의 생성형 AI 활용이다(Maruccia, 2024). CIA와 MI6는 다양한 업무에 생성형 AI 알고리즘을 적극적으로 활용하고 있다. 미국 CIA 국장 빌 번스(Bill Burns)와 영국 비밀정보국(SIS) 국장 리처드 무어(Richard Moore)는 두 기관 사이 75년간의 특별한 파트너십을 논의하는 특집 기사를 공동으로 작성하며 두 정보기관이 생성형 AI를 다양한 작업에 활용하고 있다고 밝혔다. 생성형 AI는 방대한 데이터 요약, 새로운 인사이트 도출, 대규모 데이터 세트에서 중요한 정보 식별 등에 사용되어 정보 운영의 효율성을 높이고 있다.

다양한 소스를 통해 수집되는 정보의 속도와 양이 급속히 증대되면서 이를 더욱 효과적이고 빠르게 분석해 인사이트를 도출하는 데 AI가 꼭 필요해졌다. CIA는 다른 기관과 함께 매일 쏟아지는 수많은 데이터를 신뢰할 수 있는 정보로 변화시키는 AI 설루션을 찾기 위해 노력하고 있다. CIA 과학기술부 부국장은 스파이 네트워크와 AI 개발의 중요성을 강조하면서 "인간 스파이는 이제 과거의 일이 될 것이며, AI로 곧 대체될 수 있다"고 강조했다(박유환, 2019).

AI 기반 기술은 공격 대상 시스템에 침투해 정보 탈취 및 손상 임무를 수행하는 데 사용되어, 사이버 첩보 작전의 정교함과 효과를 높이고 있다(Florkin, 2024b). 예를 들어 AI 알고리즘은 대량의 데이터를 수집하고 분석해 사이버 작전에서의 정찰 활동을 더욱 효과적으로 수행할 수 있다. 1980년대 초창기 해커들이 정부와 기업 네트워크에 침투하면서 사이버 스파이 활동이 시작되었다. 1990년대 인터넷이 확산되면서 사이버 스파이 활동이 더욱 조직화되고 정교해졌다. 2000년대 들어 사이버 스파이 활동에 국가 차원의 행위자들이 등장하기 시작했다. 2010년대에는 정교한 사이버 스파이 작전 수행에 지능형 지속 위협과 AI가 활용되기 시작했다. 그리고 현재 생성형 AI를 활용한 스파이 작전 수행이 진행되고 있다. 스파이 기술과 도구도 기술 발전의 패턴과 맞물려 계속 진화를 거듭하며 정교함을 보강하고 있다.

사이버 스파이 기술

사이버 스파이는 다양한 기술을 사용해 목표를 달성하며, 그 일반적 방법으로는 피싱, 악성코드, 지능형 지속 위협, 익스플로이트 키트 등이 있다(Florkin, 2024b). 피싱은 사기성 이메일이나 메시지를 사용해 공격 대상을 속여 기밀 정보를 공격자가 원하는 방식으로 공개하게 하는 방법이다. 악성코드는 악성 소프트웨어를 배포해 시스템에 무단으로 접근하고 데이터를 탈취 혹은 파괴하는 방법이다. 지능형 지속 위협은 장기간 대상 네트워크에 침투해 잠복하는 매우 정교하고 특정적인 공격 방법으로, 감지되지 않도록 설계된다. 익스플로이트 키트는 대상 네트워크나 시스템에서 사용하는 소프트웨어의 취약점을 파악해 그것을 이용해 악성코드를 유포하고 공격을 실행하는 방법이다.

사이버 스파이 활동은 전 세계 정부와 기업 모두에 엄청난 우려의 대상이며 막대한 피해를 유발하는 범죄 행위다. 사이버시큐리티벤처스(Cybersecurity Ventures)가

2023년 발표한 보고서는 사이버 스파이 혹은 사이버 공격으로 인한 피해를 2015년은 3조 달러, 2020년은 6조 달러로 집계했으며, 2024년 예상 피해 금액은 9.5조 달러, 2025년 예상 피해 금액은 10.5조 달러에 이를 것으로 전망했다(이채환, 2023). 그 피해액과 범위 그리고 정도가 계속 증가하는 추세다.

시사점과 윤리적 고려 사항

AI는 첩보 역량을 혁신적으로 강화하는 도구이자 상당한 위협을 가하는 도구다. 따라서 AI 기반 사이버 위협에 대응하는 데 AI가 필요하다는 의견을 피력하는 조직이 늘어나고 있다. 이는 중요한 윤리적 · 법적 문제를 초래하기도 한다(Raghavan & Schneier, 2024). AI를 활용한 대규모 감시는 조직과 기관뿐 아니라 개인의 프라이버시와 시민의 자유를 위협할 수 있다. AI 감시로 인한 프라이버시 기대치의 감소는 앞으로 더욱 급속하게 이루어질 것이다. 또한 스파이 활동에 AI를 사용하면 알고리즘 편향에 따라 개인을 보안 위협으로 오인하는 등 의도하지 않은 결과를 초래할 수 있다. 그리고 AI 의사 결정 과정의 투명성 부족은 정보 운영의 책임 소재를 더욱 복잡하게 만들 수 있다.

요컨대 스파이 활동에 AI를 통합하는 것은 데이터 분석, 감시, 의사 결정 역량을 향상하며, 정보 운영에서의 패러다임 전환을 촉진한다. 그러나 이는 프라이버시 권리와 윤리적 기준을 신중하게 고려해야 한다는 과제를 제시하기도 한다. 계속 발전하는 AI에 발맞춰 정책 입안자와 정보기관은 기술 발전과 개인의 자유 보호를 균형 있게 조화시키는 체계를 마련해야 한다. 또한 AI 기반 스파이 행위를 효과적으로 차단할 수 있는 AI 기술을 개발하고 적용해야 한다.

참고문헌

박신영(2023.12.26). "中, 미국인 신상까지 턴다"…미중 갈등, 이번엔 AI 첩보전. 한경글로벌마켓, https://www.hankyung.com/article/2023122629221

박유환(2019.4.8). 스파이, 이제는 AI가 대신한다?…정보 기관에 스며드는 AI 그림자. AI타임스, https://www.aitimes.com/news/articleView.html?idxno=47261

신윤재(2023.3.14). 언제 스파이로 돌변할지 몰라 日 기업들이 경고한 이 것. 매일경제, https://www.mk.co.kr/news/world/10679384

이채환(2023.12.16). [2024년 전망] 사이버 범죄 피해액 9조 5000억 달러 전망. GTT Korea, https://www.gttkorea.com/news/articleView.html?idxno=

7893

Alan J(2024.5.17). SugerGh0st RAT Campaign Targets U.S. AI Experts. The Cyber Express, https://thecyberexpress.com/sugargh0st-campaign-targets-ai-experts/

Edwards, B.(2023.12.6). Due to AI, "We are about to enter the era of mass spying," says Bruce Schneier. Ars Technica, https://arstechnica.com/information-technology/2023/12/due-to-ai-we-are-about-to-enter-the-era-of-mass-spying-says-bruce-schneier/

Florkin, J.(2024a). AI in Espionage: How AI is Transforming Intelligence Operations. https://julienflorkin.com/geopolitics/national-security/ai-in-espionage/

Florkin, J.(2024b). AI in Espionage And How To Protect Against It. https://julienflorkin.com/geopolitics/national-security/ai-in-cyber-espionage/

Maruccia, A.(2024.9.10). The CIA and MI6 are now using generative AI for modern espionage. Techspot, https://www.techspot.com/news/104665-us-uk-intelligence-agencies-using-generative-ai-modern.html

Raghavan, B. & Schneier, B.(2024.6.3). How Online Privacy Is like Fishing. IEEE Spectrum, https://spectrum.ieee.org/online-privacy

06
AI 모델 공격

AI는 다양한 분야에서 필수 요소가 되어 효율성과 의사 결정을 향상하고 있다. 하지만 AI 모델에 대한 의존도가 높아지면서 그것은 무결성과 기능 · 보안을 손상할 수 있는 다양한 공격에 쉽게 노출되고 있다. AI 모델을 공격하는 방법과 그 해결책을 살펴보자.

모든 곳에 존재하는 AI

AI라는 단어는 신문과 방송 그리고 길가에 붙은 다양한 홍보 자료에 빠지지 않고 포함된다. 그만큼 AI는 우리 생활에 깊숙이 들어와 있다. 미국의 정보기술 회사 가트너(Gartner)가 발표한 "2024년 주요 전략 기술 동향(Top Strategic Technology Trends 2024)"에서는 'AI와 플랫폼'이 가장 많이 언급된다(김경애, 2024). 이는 AI와 플랫폼이 가장 중요한 기술이기도 하지만, 동시에 가장 심각한 공격 목표로 부상하고 있음을 시사한다. AI를 표적으로 삼는 사이버 공격의 대표적 유형은 AI 모델을 제공하는 공유 플랫폼을 악용해 악성코드를 유포하는 'AI 모델 공유 플랫폼 공격', AI 시스템의 취약점을 악용해 악성코드를 실행하는 'AI 취약점 공격' 그리고 검색증강생성(Retrieval Augmented Generation, RAG)과 같이 AI 모델이 참조하는 데이터를 오염시켜 악성 행위를 유발하는 '데이터 오염' 등이다.

AI 머신러닝 학습 과정에 개입하는 공격

기존 사이버 공격의 일반적인 방법은 유무선 네트워크나 시스템, 단말기 등의 취약점을 찾아내 공격하는 것이었다. 현재 AI를 공격하는 대표적인 방법은 머신러닝 알고리즘에 내재한 취약점을 찾아서 공격하는 것이다. 머신러닝은 데이터 수집부터 최종 모델 실행까지 전체 과정에서 기밀성과 무결성이 요구된다. 그런데 이 일련의 과정에서 단계마다 취약점이 존재하고, 사이버 공격자는 이런 단계별 취약점을 적극 활용해 각각 다른 공격 패턴을 연구하고 실행한다. 머신러닝의 학습 과정은 데이터 수집(Get Data) 단계에 이어 그 데이터를 AI가 학습할 수 있는 학습용 데이터로 가공하는 데이터 준비(Prepare Data) 단계를 거친다. 학습 데이터가 준비되면 적절한 머신러닝 알고리즘을 선택하고 데이터를 입력해 학습을 시작(Train Model)한다. 학습이 완료되면 기계가 추론한 결과의 정확도를 확인하는 모델 성능 테스트(Model Testing) 단계를 거치며 모델의 안정성을 최종적으로 확인한다. 그다음 최종 완성된 AI 모델을 배포(Deploy Model)한다. 이러한 머신러닝 학습 과정에서 기밀성과 무결성을 무너뜨려 오류를 발생시키는 공격이 가능하다(LG CNS 보안컨설팅팀, 2020).

적대적 공격

머신러닝의 데이터 수집부터 학습 과정, 모델 성능 테스트 및 모델 배포까지 각 과정에서 다양한 적대적 공격이 가능하다(LG CNS 보안컨설팅팀, 2020; 김영명, 2023; 김향자, 2023; 박재경 · 장준서, 2023). 먼저 데이터 수집 과정을 공격하는 방식으로는 인베이전 공격(invasion attack. 전도 공격, 학습 데이터 추출 공격)이 있다. 이는 머신러닝 모델에 수많은 쿼리(query)를 던지고 산출된 결과 값을 분석해 모델 학습에 사용된 데이터를 추출하는 공격이다. 군사용 AI 모델 등은 모델이 훈련하기 위해 수집한 데이터에 중요한 기밀 정보, 개인 정보 및 민감 정보 등이 포함되어 있을 수 있다. 이때 이 데이터를 공격해 유출하는 방식으로 공격을 진행할 수 있다.

AI가 준비된 데이터를 학습하는 단계에도 공격을 실행할 수 있는데, 이런 유형의 공격을 중독 공격 혹은 오염 공격(poisoning attack)이라고 한다. 이 방법은 의도적으로 악의적 학습 데이터를 모델에 주입해 오류를 일으키게 만드는 방식으로 모델 자체를 공격한다. 이러한 조작은 모델 성능을 저하시키거나 특정 취약점을 유발할 수 있다. 예를 들어 공격자가 얼굴 인식 학습 데이터 세트에 라벨이 잘못 지정된 이미지를 추가해 모델이 개인을 잘못 식별하도록 유도할 수 있다. 미국 국립표준기술연구소(NIST)는 적대적 머신러닝에 관한 간행물에서 "AI 시스템은 신뢰할 수 없는 데이터에 노출되면 오작동할 수 있고, 공격자는 이 문제를 악용할 수 있다"고 경고했다. 또한 "AI를 잘못된 방향으로부터 보호할 수 있는 완벽한 방법은 아직 존재하지 않으며, AI 개발자와 사용자는 그렇지 않다고 주장하는 사람을 경계해야 한다"고 주장했다(NIST, 2024).

2016년 마이크로소프트에서 시판한 채팅봇 테이(Tay)가 시판 16시간 만에 급하게 운영을 중단한 사태가 발생했다. 극우 성향 사용자들이 테이에 욕설, 인종차별 발언, 성차별 발언, 자극적 정치적 발언 등을 악의적으로 주입해 학습시켜 테이가 이런 편향성을 그대로 노출하게 했기 때문이다. 만약 테이가 의료기기를 다루는 AI 모델이었다면 장비가 오작동하게 해 사람의 생명에 직접적인 위해를 가할 수도 있었을 것이다.

회피 공격(evasion attack)은 모델을 테스트하는 단계에 침투해 공격하는 방식이다(Wang et al., 2023). 이 공격 방식은 훈련된 모델의 불완전성을 이용한다. AI 모델이 학습하는 데이터에 최소한의 변조를 가미해 머신러닝의 진행 과정을 속이는 기법이다. 예를 들어 이미지를 분류하는 머신러닝 모델을 개발한다고 할 때, 공격자는 사람의 맨눈으로는 쉽게 구별하기 어려운 변조 노이즈(noise)를 추가해 모델이 최종적으로 진행하는 이미지

분류에서 오류가 일어나도록 유도할 수 있다. 이로써 특정 동물로 인식해야 할 것을 전혀 다른 동물로 인식하게 하거나, 특정 사물을 완전히 다른 사물로 인식하게 해 결과에 오류를 발생시킬 수 있다. 자율주행 자동차에 탑재된 AI가 교통 신호를 잘못 인식하게 하는 교통 신호 교란 공격을 한다면 심각한 사고가 발생할 수 있다.

AI 모델의 배포 단계에서 진행할 수 있는 사이버 공격은 모델 추출 공격(model extraction attack)이다. 앞선 다른 방법들이 모델이 학습하고 표출하는 입력 데이터와 결과 데이터를 공격한다면, 이 공격 방법은 AI 모델이 완성되어 배포되는 과정에 공격을 진행해 모델 자체를 탈취한다. 이렇게 탈취한 AI 모델을 공격자의 의도에 맞게 악의적 데이터를 학습시켜 사용한다면, 해당 AI 모델은 처음 목적과는 완전히 다른 사악한 AI로 변형될 수 있다. 현재 다크웹에서 거래되는 악성 생성형 AI 모델들이 이런 과정을 거쳐 만들어졌을 가능성도 완전히 배제할 수 없다.

이 외에도 여러 공격 방법이 있다. 모델 인버전 공격(model inversion attack)은 AI 모델의 출력 데이터를 이용해 입력 데이터를 역추론함으로써 프라이버시를 침해하는 공격 방법이다. 예를 들어 공격자는 얼굴 인식 모델의 출력값을 통해 개인의 얼굴 이미지를 재구성할 수 있다.

백도어 공격(backdoor attack)은 특정 트리거를 통해 활성화되는 숨겨진 동작을 AI 모델에 삽입하는 방법이다(Lundqvist, 2023). AI 모델이 특정 패턴(예를 들어 파란색 사각형)이 포함된 이미지는 항상 특정 클래스로 분류하도록 학습시키는 방식이다. 의료 현장에서 진단 및 치료 권장에 사용되는 AI 모델에 백도어 공격이 실행되면, 손상된 모델이 상태를 잘못 진단하거나 해로운 치료법을 제안해 환자를 위험에 빠뜨릴 수 있다.

백도어 공격은 사용자가 처음부터 모델을 구축하기보다는 타사 모델에 의존하는 경우가 많은 상황에서 점점 더 위험성이 높아지고 있다. 이는 외부 소싱 모델, 특히 희귀한 데이터 세트에서 훈련되어 더 가치가 있는 모델이 악의적인 공격자에 의해 변조될 수 있음을 시사한다.

백도어 공격의 위험에 노출된 가장 중요한 영역 중 하나는 우리가 현재 많이 사용하는 챗GPT와 같은 언어 모델이다. 이러한 모델은 백도어 공격을 통해 부정확하거나 해로운 정보를 제공하도록 조작될 수 있다. 예를 들어 백도어 언어 모델을 사용하면 잘못된 정보를 퍼뜨리거나, 개인 데이터를 악용하거나, 왜곡되거나 편향된 응답을 기반으로 사용자 결정에 영향을 미칠 수 있다. 언어 모델이 널리 사용되고 사용자가 응답에 보이는 신뢰가 커지고 있는 만큼 그 취약점은 특히 우려스럽다. 프롬프트 주입 공격(prompt injection attack)은 자연어 처리 생성형 AI 모델에 악의적인 명령을 삽입해 의도치 않은 동작을 유발하는 공격 기법이다. 공격자가 특정 프롬프트를 통해 언어 모델이 민감한 정보를 출력하거나 부적절한 행동을 수행하도록 유도할 수 있다.

AI 모델 취약점 개선 방안

미국 국립표준기술연구소는 2023년 발표한 보고서(Wang et al., 2023)에서 현존하는 각종 공격에 대응해 정도를 약화하거나 문제를 완화하는 방법을 설명하면서도 현재의 위험을 완전히 완화하는 것은 불가능하다고 명시했다. 현재 AI는 우리 사회 거의 모든 분야에 확산해 사용되고 있으며, 앞으로 이런 현상이 더욱 두드러질 것이다. 차량 운전부터 의사의 질병 진단 지원 그리고 기업의 고객 응대에 필요한 온라인 챗봇까지 그 영역이 계속 확대되고 있다. 이런 과정에서 얻어진 데이터는 AI가 주어진 상황에서 어떻게 반응할지 예측하는 데 절대적 가치로 작용한다. 그런데 아직 이런 AI 모델이 학습한 데이터에 대한 신뢰도는 낮은 수준에 머물고 있다. 현재 등장한 AI 모델들이 학습한 데이터는 그 출처가 웹사이트나 대중과의 상호작용일 수 있다. 따라서 AI가 데이터를 학습하고 훈련하는 동안 혹은 AI가 물리적 세계와 상호작용하며 행동을 개선하는 과정에서 악의적 의도를 가진 공격자가 데이터를 손상할 기회가 충분히 현존한다. 이런 모든 악의적 개입 가능성을 사전에 완전히 차단하기란 불가능하다. 또한 AI 훈련 과정에 투입되는 데이터 세트는 너무 크기 때문에 사람이 완벽하게 모니터링하고 필터링할 수 없다. 그러므로 AI를 잘못된 방향으로부터 보호할 수 있는 확실한 방법은 아직 없다.

그럼에도 AI 모델에 대한 악의적 공격을 어느 정도 예방할 방법이 있다(Lundqvist, 2023). 먼저 엄격한 AI 모델 감사가 필요하다. AI 모델 훈련 프로세스의 모든 과정을 해부하고 취약점을 분석해 조치해야 한다. 챗GPT를 만든 오픈AI는 AI 모델을 훈련하는 데 사용되는 데이터 세트를 자세히 조사해 백도어의 징후일 수 있는 편향이나 이상을 주기적으로 확인한다. 그다음으로 향상된 데이터 보안 프로토콜을 적용해야 한다. 특히 금융기관은 고급 암호화와 엄격한 데이터 검증 기술을 적용해 사기를 탐지하는 데 사용하는 AI 시스템에 공급되는 데이터가 안전하게 유지될 수 있도록 노력해야 한다. 아울러 고급 변칙 검색 도구를 사용해야 한다. AI 동작의 아주 작은 편차도 감지할 수 있는 AI 모니터링 도구를 사용해 잠재적인 백도어 활성화를 찾아내려 노력해야 한다. 또한 적응형 AI 모델을 활용해야 한다. 이는 식별된 위협에 대응하기 위해 이전에 악용된 취약점을 설명하는 데이터를 AI 모델에 재훈련시켜 유사한 공격에 대한 복원력을 높이는 방법이다. 보안 협업 체계를 구축해 공유하는 것도 중요하다. AI 산업 전반에 걸친 협업 플랫폼을 통해 새로운 위협에 대한 인사이트를 공유하고 효과적인 방어 조치를 마련할 가능성을 높여야 한다. 마지막으로 침투 테스트 AI 시스템을 활용해야 한다. 이는 공격자의 관점에서 내 조직의 시스템을 공격해 취약점을 사전에 찾아내는 방법이다. 이로써 조직의 AI 모델이 제대로 작동하고 있는지 확인하고 복원력을 테스트할 수 있다.

요컨대 AI 모델에서 공격받을 수 있는 취약점과 공격 벡터를 이해하고 완화하는 것이 중요하다. 지속적 연구와 인식 제고를 통해 적대적 위협에 견딜 수 있는 견고한 AI 모델을 개발하는 것이 필수적이다. 이를 위해 데이터 신뢰도를 확보하고 데이터 유출을 방지하며 데이터의 무결성을 보장하면서 공격자의 악의적 행동으로부터 AI

모델을 보호할 방법을 계속 연구해야 한다. 이런 노력과 전략을 통해 적대적 공격에 대한 AI 모델의 내성과 복원력을 키울 수 있고, 사용 신뢰도를 높일 수 있다.

참고문헌

김경애(2024.6.25). AI 노리는 대표적 공격 3가지는? AI 모델 공유 플랫폼, AI 취약점, 데이터 오염. 보안뉴스, https://m.boannews.com/html/detail.html?idx=130808

김영명(2023.11.3). 아직 보안에 허점 많은 AI, 어떤 취약점이 있으며 개선방안은 무엇일까. 보안뉴스, https://m.boannews.com/html/detail.html?idx=123332

김향자(2023.4.25). '창과 방패'의 싸움? AI모델 오염 공격과 방어. 애플경제, http://m.applen.or.kr/news/articleView.html?idxno=71309

박재경·장준서(2023). AI 모델의 적대적 공격 대응 방안에 대한 연구. ≪한국컴퓨터정보학회 하계학술대회 논문집≫, 31(2), 619-620쪽.

LG CNS 보안컨설팅팀(2020.2.13). 머신러닝 보안 취약점! 적대적 공격의 4가지 유형. LG CNS, https://www.lgcns.com/blog/cns-tech/ai-data/9616/

Lundqvist, A.(2023.12.20). Backdoor Attacks on AI Models. Cobalt, https://www.cobalt.io/blog/backdoor-attacks-on-ai-models

NIST(2024.1.4). NIST Identifies Types of Cyberattacks That Manipulate Behavior of AI Systems. https://www.nist.gov/news-events/news/2024/01/nist-ide

ntifies-types-cyberattacks-manipulate-behavior-ai-systems

Vassilev, A. et al.(2023). Adversarial Machine Learning: A Taxonomy and Terminology of Attacks and Mitigations. *NIST AI 100-2e2023.* https://nvlpubs.nist.gov/nistpubs/ai/NIST.AI.100-2e2023.pdf

Wang, Y. et al.(2023.3.11). Adversarial Attacks and Defenses in Machine Learning-Powered Networks: A Contemporary Survey. arXiv, https://arxiv.org/abs/2303.06302

07
다크웹과 웜·사기GPT

다크웹, 웜과 같은 악성코드, 웜GPT나 사기GPT와 같은 악성 AI 도구의 등장으로 사이버 환경이 크게 변화했다. 이러한 요소들을 살펴보고 실제 사례를 통해 그것들이 사이버 공격에 미치는 영향에 대해 논의해 보자.

다크웹의 실체

다크웹은 의도적으로 뒤쪽에 숨겨져 있는 웹이며, 특수 소프트웨어를 통해서만 접근할 수 있는 인터넷의 한 부분이다. 즉 다크웹은 인터넷을 사용하기는 하지만 우리가 일반적으로 사용하는 웹 접근 방법으로는 접속이 되지 않고, 특별한 인증을 거쳐야만 접속할 수 있는 다크넷 혹은 오버레이 네트워크(overlay network)에 존재하는 월드 와이드 웹 콘텐츠다. 다크웹에서는 사용자의 위치 같은 식별 정보를 누설하지 않고 익명으로 통신하며 비즈니스를 수행할 수 있다. 또한 다크웹은 우리가 일반적으로 사용하는 인터넷 웹브라우저의 검색 엔진에 색인화되어 있지 않으므로 자동으로 검색되지 않는다. 이런 이유로 다크웹은 악성코드, 도난 데이터, 해킹 서비스 판매 등 다양한 불법 활동을 위한 시장 역할을 한다. 다크웹은 해킹 그룹에 사이버 공격을 은밀히 의뢰하는 곳으로도 잘 알려져 있다. 우리가 일반적으로 사용하는 암호화되지 않은 웹은 '클리어넷(clearnet)'이라고 불리고, 암호화되어 특정한 접속 루트를 통해서만 접근 가능한 웹은 다크웹이라고 불린다.

다크웹이 세상에 처음 알려진 시기는 2009년이다. 그러나 다크웹이 실제로 언제부터 시작되어 얼마나 활성화되어 있는지는 알려지지 않았다. 우리가 사용하는 클리어넷보다 그 규모가 엄청나게 크다는 속설이 있어 빙산의 일각에 비유되기도 한다. 클리어넷이 수면 위에 올라와 있는 얼음 조각이라면, 다크웹은 수면 아래 잠긴 거대한 빙산이라는 의미다. 다크웹에 접속하려면 '토어(The Onion Routing, Tor)' 같은 특수 제작 네트워크를 통해야 한다. 토어 브라우저는 사용자 진입점과 경로 생성을 암호화해 사용자의 웹 검색과 그 안에서의 작업을 익명으로 처리한다. 이로써 사용자의 신원과 위치를 추적할 수 없게 한다.

2014년 12월 포츠머스대학교 개러스 오언(Gareth Owen) 교수의 팀이 다크웹을 연구하며 얻은 결과에 따르면, 토어 네트워크에서 가장 일반적으로 호스팅되는 콘텐츠 유형은 '아동 포르노'였다. 그 외에도 암시장, 내부 고발 사이트, 정치 토론 포럼, 비트코인 관련 사이트, 사기 관련 서비스 등이 활발하게 활동하는 것으로 나타났다. '다크넷 시장'은 불법 상품 거래를 중개하고 일반적으로 비트코인을 결제 수단으로 사용한다. 다크웹에서는 사이버 공격에 활용되는 각종 서비스도 매우 활발하게 거래되고 있다. 또한 마약, 무기, 해킹 도구 등의 거래가 이루어지고 있으며, 요즘은 생성형 AI를 악용한 사이버 공격 도구들이 활발하게 유통되고 있다(인현우, 2024). 각국 정부와 민간 기관이 이러한 활동을 주기적으로 모니터링하고 있지만, 추적에 어려움이 있어 완전히 찾아내는 것은 현재로서는 불가능하다.

웜·사기GPT

웜은 사람의 개입 없이 스스로를 복제해 네트워크에 퍼질 수 있는 악성코드의 일종이다. 사용자의 개입 없이도 시스템 간에 전파되며 네트워크 트래픽을 증가시키거나 시스템 자원을 고갈시켜 서비스 거부 공격을 유발할 수 있다. 웜은 바이러스와 달리 호스트 파일이나 프로그램에 첨부할 필요가 없다. 역사적으로 웜은 상당한 혼란을 일으켜 왔다. 2000년대 초반에는 전 세계에 피해를 준 'ILOVEYOU' 웜이 있었다. 이 웜은 "ILOVEYOU"라는 제목의 메일에 "첨부된 저의 연애편지를 확인해 주세요!"라는 메시지가 담겨 있었고, 첨부 파일이 달려 있었다. 이 첨부 파일에 웜이 들어 있었으며, 이 첨부 파일을 클릭하는 순간 웜이 침투하는 구조였다. 사용자의 컴퓨터에 저장된 지인들의 이메일로 같은 종류의 메일이 자동으로 발송되도록 조작하기도 했다. 이렇게 순식간에 엄청나게 많은 사람에게 웜이 전파되면서 큰 문제로 대두

되었다.

최근에는 악의적 목적을 위해 명시적으로 설계된 웜GPT와 사기GPT 같은 AI 기반 도구가 등장하고 있다. 이러한 도구는 다크웹 포럼에서 판매되며, 사이버 범죄자들에게 정교한 공격을 수행할 수 있는 고급 기능을 제공한다. 웜GPT는 '챗GPT의 악의적 사촌'으로 불리며, 2021년 개발된 GPT-J 언어 모델에 기반한 AI 모듈이다. 이 모듈은 무제한 문자 지원, 채팅 메모리 보존, 코드 포맷 기능 등 다양한 기능을 제공한다. 사용자는 웜GPT를 사용해 사람이 작성한 것과 유사한 텍스트로 그럴듯하고 정교한 피싱 이메일을 작성하거나, 악성코드를 작성해 악의적인 활동에 사용할 수 있다(Lhuillier, 2023; 석주원, 2023). 웜GPT는 다양한 데이터 소스, 특히 악성코드 관련 데이터를 집중적으로 훈련해 그 방면에 매우 특화되어 있다. 웜GPT는 챗GPT와 달리 사이버 범죄자들이 아무런 제약 없이 광범위한 불법 활동을 할 수 있도록 도와주는 도구로 등장했으며, 초보 사이버 범죄자도 위협적인 공격자로 만들 수 있다(석주원, 2023).

사기GPT는 웜GPT와 마찬가지로 탐지할 수 없는 악성코드, 피싱 페이지 그리고 기타 사기성 콘텐츠를 쉽게 만들 수 있는 AI 강화 도구다. 현재 사기GPT는 다크웹과

텔레그램 같은 암호화된 메시징 네트워크 플랫폼에서 사이버 범죄에 매우 유용한 도구로 광고되며 판매되고 있다(Anggorojati et al., 2024; Lhuillier, 2023). 사기GPT는 월 200달러의 비용으로 사용할 수 있다. 사용자는 피싱 이메일 및 소셜 엔지니어링 콘텐츠 작성, 익스플로이트와 악성코드 그리고 해킹 도구 만들기, 취약점 및 손상된 자격 증명이나 도난당한 카드 세부 정보를 사용할 수 있는 사이트 발견, 해킹 기술 및 사이버 범죄에 대한 조언 등의 서비스를 이용할 수 있다(Lhuillier, 2023).

이런 종류의 변종 불법 생성형 AI 도구들이 현재 계속 만들어지고 다크웹에서 활발하게 거래되고 있다. 이런 사기GPT들이 계속 만들어지는 이유는 그것들이 사이버 공격을 대단히 쉽게 만들기 때문이며, 사이버 범죄 시장으로의 진입 장벽을 낮추기 때문이다(문가용, 2023). 이런 불법적 움직임은 초기에는 크게 주목받지 못했다. 그러나 개발이 계속 진행되고 악한 의도를 가진 범죄자들이 그 기술을 점차 더 많이 찾게 되면서 사용자 그룹 내에서 네트워크 효과가 발생한다. 이에 따라 그 확산 속도와 범위는 걷잡을 수 없이 빨라지고 커진다. 그러므로 초반 단계에서 이런 움직임을 억제할 수 있는 효과적 방안 마련이 시급하다.

실제 세계에 풀리는 변종GPT의 위협

다크웹에서 이러한 AI 도구를 사용할 수 있게 되면, 사이버 범죄자의 진입 장벽이 낮아져 기술 전문 지식이 부족한 사람들도 복잡한 공격을 실행할 수 있게 된다. 웜GPT를 활용해 정교한 피싱 이메일을 작성하고 그것을 사이버 공격에 사용하면 시간적 · 물리적 · 비용적 효율성을 증대할 수 있다. 우리가 정상적으로 사용하는 챗GPT는 피싱 메일 작성이나 해킹 코드 생성과 같이 불법적으로 활용할 수 있는 부분은 원천적으로 막아 놓았기 때문에 오용의 가능성이 매우 낮다. 그러나 다크웹에서 거래되는 웜GPT나 사기GPT 등은 이런 오용 가능성을 극대화한 정반대의 특징을 가지고 있다. 생성형 AI가 해킹이나 피싱 메일 작성과 같은 불법적 행위를 할 수 있게 되면 '해킹의 대중화 시대'가 열린다. AI에 명령어를 입력하고 엔터키를 누르기만 하면 다양한 사이버 공격 도구가 만들어지는 상황이 온다면 우리는 누구나 쉽게 해킹을 놀이처럼 하는 시대로 접어들 것이다. 2022년 말 챗GPT가 세상에 공개된 뒤 1년간 피싱 공격이 무려 1265퍼센트 증가했다는 보고도 있다(황규락, 2024).

다크웹에서는 챗GPT 윤리 모드를 우회하는 방법도 공유되고 있다. 챗GPT를 만든 오픈AI나 라마(Llama)를 만든 메타 등은 생성형 AI의 악용을 방지하기 위해 특정 명령을 수행하지 못하도록 안전장치를 설정해 놓았는데, 다크웹에서는 그것을 우회할 방법이 공유되고 있다(황규락, 2024). 실제로 웜GPT나 사기GPT 같은 악성 AI는 우리가 사용하는 오픈소스 GPT에 다크웹 게시물을 대량으로 학습시켜 범죄 생성형 AI로 탈바꿈시킨 것들이다. 이렇게 만들어진 악성 GPT는 해킹을 더욱 정교하게 할 수 있는 도구를 제공해 피해자가 피해를 인지할 가능성을 더욱 줄이고 있다. 2024년 2월 홍콩의 한 다국적 기업에서 일어난 사기 피해가 이런 현상을 잘 설명해 준다. 해커가 AI를 이용해 약 2억 홍콩달러(약 341억 원)를 빼 간 사건이 발생했다. 해커는 AI로 만든 영상과 변조된 목소리로 회사의 최고재무책임자(CFO) 행세를 하며 돈을 빼 갔다. 중국에서는 해커 4인조가 챗GPT로 생성한 랜섬웨어로 한 기업을 공격했고 이를 감지한 중국 정부가 이들을 검거한 사례도 발생했다. 이렇듯 AI로 해킹을 비롯한 각종 사이버 공격에 필요한 도구를 단기간에 저렴하고 쉽게 만들어 낼 수 있는 시대가 된다면 해킹은 거의 모든 사회 시스템에 언제나 만연한 상시적 위협으로 자리매김할 전망이다.

요컨대 다크웹을 통한 악성 AI 도구 확산은 사이버 보안에 새로운 도전 요인으로 작용하기 시작했다. 이에 대응하려면 최신 위협 사항에 대한 지속적이고 면밀한 모니터링이 선결되어야 한다. 그리고 악성 AI와 이를 통해 만들어진 각종 사이버 공격 도구에 대응할 수 있는 AI 방어 시스템 강화 방안이 신중하게 모색되어야 한다.

참고문헌

문가용(2023.7.26). 웜GPT에 이어 또 다시 등장한 '사기GPT', 배후에는 같은 개발자 있는 듯. 보안뉴스, https://m.boannews.com/html/detail.html?idx=120493

석주원(2023.7.24). 기업 이메일 노리는 생성 AI, 웜GPT(WormGPT) 등장. 와이드경제, https://www.widedaily.com/news/articleView.html?idxno=235600

인현우(2024.12.18). 다크웹 타고 퍼지는 범죄용 GPT·디도스 도구…"2025년 사이버 위협 증가 우려". 한국일보, https://www.hankookilbo.com/News/Read/A2024121813490004323

황규락(2024.3.28). 악성코드 수백개 순식간에 뚝딱…천재 '해커'의 정체는. 조선일보, https://www.chosun.com/economy/tech_it/2024/03/28/5F6RRV3Z4NDFLPRW4FSAOBAJMA/

Anggorojati et al.(2024.6.24). FraudGPT, WormGPT and the rise of dark LLMs. Asia Times, https://asiatimes.com/2024/07/fraudgpt-wormgpt-and-the-rise-of-dark-llms/#

Lhuillier, F.(2023). WormGPT & FraudGPT – the dark side of AI. CCGroup, https://ccgrouppr.com/blog/wormgpt-fraudgpt-the-dark-side-of-ai/

08
자율 무기 시스템

사이버전이 현대 전장에서 중요한 역할을 차지하면서 자율 무기 시스템과 사이버 보안의 결합이 매우 중요한 문제로 떠오르고 있다. 자율 무기 시스템의 발전과 이에 따른 사이버 공격의 위험성을 살펴보자.

디지털 전장 탐색

전쟁의 진화는 기술 발전에 크게 영향을 받아 왔다. 그중에서도 지능형 무기 시스템(Intelligent Weapon System, IWS) 혹은 자율 무기 시스템(Autonomous Weapon System, AWS)은 기술적 · 전략적 도약을 상징한다. 이러한 시스템은 AI와 자율 기능을 통합해 전장에서의 정밀성, 의사 결정 능력과 운영 효율성을 향상한다. 자율 무기 시스템은 인간의 개입 없이 목표를 식별하고 공격할 수 있는 능력을 갖춘 무기 시스템이다. 이는 육해공뿐 아니라 우주와 사이버 공간으로 이어지는 5차원 전장에서도 필수적인 무기 시스템이다. 자율 무기 시스템은 무인 항공기(드론)에서 시작해 복잡한 AI 기반 시스템으로 진화하고 있다. 이러한 무기 시스템의 등장과 확산은 군사 작전의 효율성을 극대화한다. 그러나 그 취약성으로 인해 새로운 사이버 공격에 쉽게 노출된다는 문제를 안고 있다.

자율 무기 시스템의 보안 문제는 기술적 관점을 넘어 국제법과 윤리를 둘러싼 논쟁까지 불러일으키고 있다. 예를 들어 무기 시스템이 사이버 공격을 당하거나 그것에 악의적인 AI 데이터 및 알고리즘이 주입되었을 때 즉각적이고 적절한 통제가 이루어지지 않는다면 돌이킬 수 없는 피해를 초래할 수 있다. 이러한 상황에서 우리는 자율 무기 시스템의 사이버 보안 문제를 깊이 있게 분석하고 그 대책을 모색할 필요가 있다.

자율 무기 시스템의 발전과 주요 특징

자율 무기 시스템은 크게 반자율(인간-기계 협력) 시스템과 완전 자율 시스템으로 구분할 수 있다. 반자율 시스템은 인간의 명령에 따라 작동하되 특정한 기능은 자동으로 수행한다. 예를 들어 드론은 정찰과 공격 임무를 수행하며, 적을 발견하면 인간의 승인을 받아 공격을 실행한다(유준구, 2019).

완전 자율 시스템은 모든 과정이 자동화된 시스템이다. AI를 통해 인간의 개입 없이 실시간 데이터를 분석하고 목표를 지정하는 능력을 갖추고 있다(유준구, 2019). 이러한 시스템이 발전하면서 AI 기술이 군사 작전에 점점 더 깊숙이 관여하게 되었다. 그러나 자율 무기 시스템의 사이버 보안 취약성은 새로운 위협을 초래할 수 있다.

지능형 무기 시스템은 AI를 활용해 정보 처리, 의사 결정, 행동 실행을 인간의 직접적 개입 없이 수행할 수 있는 능력을 갖추고 있다. 군사 무기에 AI를 통합함으로써 목표 식별 및 교전, 동적 환경에 대한 적응, 운영 데이터로부터 학습 가능한 자율 시스템이 개발되었다(Total Military Insight, 2024). 이러한 발전은 글로벌 안보와 전쟁의 윤리적 측면을 둘러싼 중요한 논의를 촉발하고 있다.

지능형 무기 시스템은 GPS, 레이저 유도, 관성 항법 시스템과 같은 첨단 기술을 통해 목표물 타격의 정확성을 크게 향상했다. 이러한 혁신은 식별된 목표에 대한 정밀 타격을 가능케 해 부수적 피해를 최소화하며, 현대 전쟁의 양상을 근본적으로 변화시켰다(Total Military Insight, 2024). 예를 들어 미국 해군의 이지스 전투 시스템(Aegis Combat System)은 AI를 활용해 적의 방어 체계의 약점을 식별하고 이를 공략함으로써 교전 상황에 동적으로 적응할 수 있다.

사이버 보안 위협의 현실

자율 무기 시스템이 사이버 공격에 취약한 이유는 복잡한 네트워크 구조와 소프트웨어 의존성에 있다. 자율 무기 시스템은 여러 통신 시스템을 통해 실시간으로 데이터를 송수신하고, 클라우드 서버 또는 군사 네트워크를 통해 정보를 분석한다. 이런 시스템은 사이버 공격자에게 치명적 목표가 될 수 있다. '칸다하르의 괴수'라는 별칭을 지닌 미국의 RQ-170 센티넬(Sentinel)은 스텔스 기능과 전자전 기능을 갖추고 15킬로미터 상공에서 은밀히 정찰 임무를 수행하는 무인기다. 오사마 빈라덴(Osama bin Laden) 사살 작전 때는 작전 영상을 백악관으로 실시간 중계하기도 했다. 이 RQ-170이 2011년 이란의 해킹으로 추락해 포획되는 사건이 발생했다. 이란은 무인기의 GPS 신호를 교란해 이란 영토로 유인한 후 해킹에 성공했다. 이란은 이렇게 포획한 RQ-170의 잔해를 역설계해 자국산 스텔스 무인기 샤헤드-129를 비롯해 다양한 형태의 무인기를 생산하기에 이른다. 이 사건은 자율 무기 시스템이 사이버 공격에 매우 취약하다는 것을 극명하게 보여 준 사례다.

자율 무기 시스템이 악의적 코드에 의해 조작될 가능성도 존재한다. AI가 내리는 결정이 악성 소프트웨어에 의해 왜곡되면, 시스템은 예상치 못한 행동을 할 수 있다. 이런 오류는 민간의 피해를 초래하거나 우발적 군사 충돌로 이어질 수 있다. 이러한 이유로 자율 무기 시스템에 대한 신뢰성 문제는 국제 사회에서 논란을 불러올 수 있다.

국제적 규제와 법적 문제

자율 무기 시스템의 배치는 중요한 윤리적 · 법적 질문을 제기한다. 이러한 시스템이 국제 인도법의 범위 내에서 작동하도록 보장하는 것이 중요하다. AI를 무기에 효과적으로 활용하면서도 윤리적 · 법적 기준을 준수할 수 있는 통제 메커니즘을 개발하는 것이 중요한 과제로 떠오를 전망이다(Fraunhofer Group for Defense and Security, 2020). 또한 자율 시스템이 잘못된 결정을 내려 의도치 않은 인명 피해를 초래하는 등 예기치 않은 결과를 방지하기 위해서는 강력한 감독과 책임 메커니즘이 필요하다(Sancar, 2024).

자율 무기 시스템의 사이버 보안 문제는 기술적 이슈뿐 아니라 국제적 규제와 법적 문제도 동반한다. 현재 유엔은 자율 무기 시스템의 개발과 사용에 대한 규제를 활발하게 논의하고 있다. 자율 무기가 가져올 수 있는 윤리적 문제, 특히 인간의 생사를 AI가 결정하는 문제에 대해 많은 국가가 우려를 표하고 있다(유준구, 2019). 국제 인권 단체와 일부 국가들은 자율 무기 시스템을 금지해야 한다고 주장한다(NIPA 글로벌 ICT포털, 2024). 그들의 주된 논리는 자율 무기가 인간의 도덕적 판단을 대체할 수 없다는 것이다. 또한 자율 무기 시스템이 예상치 못한 사이버 공격을 받았을 때 발생할 수 있는 민간의 피해와 군사적 혼란에 대한 우려도 있다.

이와 반대로 자율 무기 시스템이 군사 작전의 효율성을 극대화하고 병사의 생명을 보호할 수 있다는 이유로 그것을 적극 개발해야 한다는 주장도 있다(NIPA 글로벌 ICT포털, 2024). 2024년 10월 1일 한국의 '국군의 날 기념행사'에서 대중에 공개된 여러 무기 시스템 가운데 육해공 3차원 전장에서 활용될 자율 무기 시스템이 사람들의 관심을 받았다. 전 세계 국가들은 자율적으로 목표를 설정하는 드론부터 자율 잠수함에 이르기까지 AI 기반 무기를 신속하게 개발하고 있다. 미국과 중국은 자율 무기 기술 개발에 많은 투자를 하고 있고, 이는 글로벌 군비 경쟁의 새로운 차원으로 이어지고 있다. 한국도 미래 전장에 부합하는 방향으로 무기 시스템을 전환하고 있다.

AI는 이미 전장에서 사용되고 있다. 우크라이나의 드론은 신호 교란 기술로 운영자와의 연결이 끊어져도 드론이 스스로 목표물을 찾아서 공격할 수 있도록 설계되어 있다. 또한 이스라엘은 가자지구에서 폭격 목표물을 식별하는 데 AI를 사용하면서 그 효율성을 입증하고 있다(Serhan, 2024). 미국 해병대는 유인 시스템과 AI 무기를 통합해 의사 결정 속도를 향상하고 있다(Tatananni, 2024). 자율 무기는 사상자를 줄이고 정밀 타격을 제공할 수 있지만, 통제되지 않는 확전과 군비 경쟁 심화 등

상당한 위험도 내포하고 있다. AI 모델이 인종을 정확하게 구별할 수 있는 수준으로 진화하면 자율 무기를 이용한 대량 학살도 가능하다며 우려의 목소리를 내는 전문가도 있다(NIPA 글로벌 ICT포털, 2024). 이런 모든 반대와 찬성 그리고 기대와 우려의 목소리는 그 자체로 매우 중요한 의미가 있고, 존중할 필요가 있다. 두 그룹의 의견을 조율해 적절한 타협점을 찾는 노력이 필요하다.

사이버 보안 대책과 미래 방향

자율 무기 시스템의 사이버 보안 문제를 해결하려면 다층적 접근이 필요하다. 우선 시스템 설계 단계에서부터 보안이 철저하게 고려되어야 한다. 예를 들어 AI 알고리즘에 대한 검증 프로세스를 강화하고 외부에서의 비인가 접근을 방지하기 위한 암호화 기술을 적용해야 한다. 요즘 군에서 보안 문제가 수시로 발생해 우려를 자아내고 있는 상황에서 사이버 보안 강화에 더욱 각별한 노력이 필요하다.

또한 군사 네트워크 보안을 강화하고, 실시간 모니터링을 통해 잠재적 공격을 신속히 탐지하고 그에 대응할 능력을 갖춰야 한다. 자율 무기 시스템이 오작동할 경우를 대비한 비상 대응 매뉴얼과 프로토콜 마련도 중요하다. 이러한 대책들이 제대로 시행되면 자율 무기 시스템의 사이버 보안 문제를 최소화할 수 있다.

시스템 구축에 필요한 각종 네트워크와 무기 시스템 장비의 국산화 비율을 최대치로 끌어올릴 필요도 있다. 중국의 장비 저렴화 전략이 궁극적으로 정보 침탈로 이어지는 현실로 인해 미국을 비롯한 서방 국가들이 중국 장비 수입을 전면 금지하고 있다. 장비 제작 단계에서 백도어를 설치해 타국의 정보를 탈취하거나 교란할 가능성이 크다는 것은 이미 공공연한 사실이다.

요컨대 자율 무기 시스템의 사이버 보안 문제는 단순한 기술적 도전 과제를 넘어 글로벌 군사 전략과 국제법, 윤리적 논쟁까지 아우르는 복합적 문제다. 자율 무기 시스템이 전장에서 차지하는 비중이 커지면서 이들 시스템의 보안을 강화하고 국제적 규제와 협력을 통해 그 위험성을 관리할 필요가 증대하고 있다.

한국도 자율 무기 시스템을 계속 발전시키면서 사이버 보안 문제를 해결하기 위해 끊임없이 연구하고 다양한 협력 체계를 구축해야 한다. 북한의 사이버 공격에 상시 노출되어 있고, 앞으로 더 큰 피해가 예상되는 시점에서 사이버 보안에 대한 경각심을 더 크게 가져야 한다. 안전한 자율 무기 시스템의 개발과 운용, 더 나아가 수출을 위해서는 기술적 · 법적 · 윤리적 측면에서의 다각적 이해와 접근이 필요하다.

참고문헌

유준구(2019). 자율살상무기체계의 논의 동향과 쟁점. ≪국립외교원 외교안보연구소 정책연구시리즈≫, 18.

NIPA 글로벌 ICT포털(2024). AI무기 사용 규제 촉구. ≪글로벌 ICT 주간동향리포트≫.
https://www.globalict.kr/upload_file/kms/202405/5405584103832421.pdf

Fraunhofer Group for Defense and Security(2020). Rise of Artificial Intelligence in Military Weapons Systems. *Position Paper VVS.*
https://www.vvs.fraunhofer.de/content/dam/iosb/vvs/documents/Positionspapiere/FraunhoferVVS_%20AI-In-Weaponsystems_2020.pdf

Sancar, I. V.(2024). How can we design autonomous weapon systems?. *AI and Ethics.*

Serhan, Y.(2024.12.18). How Israel Uses AI in Gaza—And What It Might Mean for the Future of Warfare. Time,
https://time.com/7202584/gaza-ukraine-ai-warfare/

Tatananni, M.(2024.7.28). DEADLY TECH Killer drones that pick their own targets and robot war submarines that steer themselves – AI weapons of the near future. The Sun,
https://www.thesun.co.uk/tech/29522922/artificial-intelligence-weapons-war-military-drones/

Total Military Insight(2024.7.21). Advancements in the

Development of Smart Weapons Technology.
https://totalmilitaryinsight.com/development-of-smart-weapons/

09
사이버 보안에서의 AI 활용

자동화된 사이버 방어는 AI와 머신러닝을 활용해 사람의 개입을 최소화하면서 사이버 위협을 탐지 · 분석 · 대응하는 사이버 보안의 혁신적인 접근 방식이자 패러다임 전환이다. 더욱 빈번해지고 정교해지는 사이버 공격에 대응할 방법을 살펴보자.

자동화된 사이버 방어의 주요 구성 요소

자동화된 사이버 방어(Automated Cyber Defense, 이하 ACD로 표기) 시스템은 네트워크 트래픽을 자율적으로 모니터링하고, 이상 징후를 식별하며, 실시간으로 방어 조치를 실행하도록 설계된다. 이러한 시스템은 AI와 머신러닝 알고리즘을 활용해 새로운 위협에 적응함으로써 사전 예방적 보안 태세를 유지할 수 있다. 사이버 보안 전략에 ACD를 통합하면 위협 탐지 및 완화의 속도와 정확성을 향상해 인간 분석가에 대한 의존도를 줄이고 자원을 효율적으로 배분할 수 있다.

ACD 시스템은 크게 위협 탐지, 사고 대응, 지속적 학습과 적용이라는 구성 요소를 지닌다. 먼저 위협 탐지 단계에서 ACD 시스템은 AI에 기반한 분석으로 네트워크 활동을 지속적으로 감시하며, 악의적 행동을 나타내는 패턴을 식별한다. 머신러닝 모델은 이미 알려진 방대한 위협 데이터 세트를 학습해 기존 공격 벡터와 새로운 공격 벡터를 탐지하는 데 활용된다. 예를 들어 AI는 이메일 내용과 사용자 행동을 분석해 피싱 공격을 탐지할 수 있다.

사고 대응 단계에서 위협이 탐지되면, ACD 시스템은 자동으로 영향을 받은 네트워크 세그먼트를 격리하거나, 악성 IP 주소를 차단하거나, 패치를 배포하는 등의 대응을 수행한다. 이러한 신속한 대응 능력은 잠재적 피해를 최소화하고, 공격자가 취약점을 악용할 시간을 줄이는 효과가 있다. AI는 자동화된 사고 대응에서 중요한 역할을 하며, 효율적인 보안 사고 관리를 가능하게 한다.

지속적 학습과 적응 단계에서 ACD 시스템은 머신러닝을 통해 진화하는 위협 환경에 적응한다. 새로운 데이터를 분석해 탐지 및 대응 전략을 개선하고, 복잡한 사이버 위협에 대응하는 효과를 유지한다. 이러한 시스템 적응성은 공격자의 위협 전술과 전략이 변화하더라도 AI 시스템이 이를 신속하게 식별하고 무력화할 가능성을 높인다.

ACD의 사례

2016년 미국 국방고등연구계획국(DARPA)은 사이버 그랜드 챌린지(Cyber Grand Challenge)를 개최했다. 여기서 자율 시스템은 인간의 개입 없이 실시간으로 소프트웨어 취약점을 식별하고 패치하는 능력을 보여 주었다(장길수, 2016). 사이버 그랜드 챌린지는 상대방 서버의 보안 취약점을 공격하고 자율적으로 작동하는 AI 방어 시스템을 이용해 자신의 서버를 해킹으로부터 방어하는 능력을 겨루는 대회였다. 국방고등연구계획국은 컴퓨터

소프트웨어와 네트워크를 외부 해커 등으로부터 방어할 수 있는 자율 AI 시스템을 구축하는 데 도움을 얻기 위해 이 대회를 주최했다. 이전까지의 방어 시스템은 사이버 보안 네트워크 서버와 소프트웨어의 취약점을 발견하고 방어하는 일련의 과정에서 소프트웨어 개발자들의 수작업에 전적으로 의존했다. 그러나 해커의 공격 유형이 다양해지고 기술이 정교해지면서 국방고등연구계획국은 수작업으로는 한계가 있음을 직감했다. 따라서 AI를 통해 방어 시스템을 자동화하겠다는 목표를 설정했다. 이런 결정은 악성 생성형 AI가 단시간에 다량의 해킹 코드를 만들어 낼 수 있는 현재 상황을 예견한 듯하다.

사이버 그랜드 챌린지는 선제적 사이버 방어에서 ACD가 지니는 잠재력을 보여 주었다. 이 대회 이후 ACD에 대한 민간의 관심이 높아지고 기술 개발도 본격적으로 추진되면서 국방고등연구계획국은 새로운 기술의 사업화와 그 파급 효과를 얻을 수 있었다(한국산업기술평가관리원, 2017).

펜테라(Pentera)는 조직 내 사이버 보안 통제, 자격 증명, 취약점을 테스트하기 위한 보안 검증 소프트웨어를 개발했다. 펜테라의 자동화된 보안 검증 플랫폼은 자동화된 모의 침투 테스트를 할 수 있게 한다(Softwide,

2024). 이 플랫폼은 자동화된 윤리적 공격 기법을 적용해 대상 네트워크의 보안 결함을 식별하고 우선순위를 지정한다. 이로써 사이버 공격에 대한 조직의 회복력을 높이는 데 도움을 준다. 펜테라는 고급 알고리즘을 사용한 최신 해킹 전술 및 기법에 기반해 네트워크, 클라우드, 외부 자산을 발견하고 취약점을 공격한다. 공격자의 관점으로 접근해 얻은 조사 결과는 자동화된 테스트로 검증된 위험 노출에 기반해 프로덕션에서의 교정 노력을 최적화한다. 이런 과정을 통해 네트워크를 손상하는 사이버 공격 킬 체인에 노출된 취약점을 식별하고 자원을 집중할 수 있도록 도와준다.

이런 발상의 전환은 조직의 네트워크 안정성과 복원력을 증진하는 데 필요한 관점을 제공한다. 방어자가 아니라 공격자의 관점에서 네트워크를 모의 공격해 취약점을 발견하는 접근법은 매우 적절한 방어 전략 수립 방법이다. 방어자가 공격에 늘 한발 늦게 반응할 수밖에 없는 근본적 이유는 방어자의 관점에서 방어 전략을 수립하기 때문이다. 따라서 방어자가 공격자의 관점으로 공격 포인트를 살피면 자신의 네트워크를 더욱 정확하게 방어할 방법을 찾을 수 있다.

ACD의 도전 과제와 고려 사항

ACD는 상당한 이점을 제공하지만, 여러 도전 과제도 제기한다. 먼저 오탐지(false positive) 및 미탐지(false negative) 문제가 있다. AI 모델은 여전히 정상 활동을 위협으로 잘못 식별하는 오탐지나 악의적 활동을 놓치는 미탐지를 발생시킬 가능성을 내포한다. 만약 공격자가 ACD의 이런 문제점까지 고려하면서 악성 생성형 AI로 해킹 코드를 다량으로 만들고 그 결과물로 공격을 실행한다면 ACD는 탐지에 문제를 일으킬 확률이 더욱 높아진다. 따라서 알고리즘의 지속적 개선과 포괄적 학습 데이터 마련이 필수적이다. 적대적 공격의 문제도 있다. 공격자는 조작된 데이터로 AI 모델을 속일 수 있다. 이러한 전술에 견딜 수 있는 견고한 모델을 개발하는 것이 ACD 시스템의 무결성을 유지하는 데 중요하다. 아울러 기존 시스템과의 통합 문제가 있다. ACD를 현재의 사이버 보안 인프라에 원활하게 통합하려면 운영에 지장을 주지 않으면서 호환성과 효과를 보장하는 신중한 계획이 필요하다(Vyas et al., 2023).

생성형 AI와 사이버 보안

생성형 AI는 방어 메커니즘을 강화하고 새로운 보안 전략을 제공하지만, 위협 행위자에게 새로운 도구를 제공하기도 한다(Perception Point, 2024b). 방어 측면에서 생성형 AI는 방대한 양의 데이터를 분석해 잠재적 위협을 나타내는 패턴과 이상 징후를 식별한다. 생성형 AI는 네트워크 트래픽 및 시스템 로그의 심층 분석을 자동화해 사이버 보안에 대한 더욱 적극적인 접근을 가능하게 한다. 이를 통해 심각한 피해가 발생하기 전에 미리 위협을 식별하고 공격을 완화할 수 있다. 또한 복잡한 공격 시나리오를 시뮬레이션하고 보안 프로세스를 자동화해 신속한 사건 대응을 가능하게 한다.

반대로 위협 행위자 측에서 생성형 AI는 더욱더 지능적이고 기만적인 공격을 개발하는 데 기여할 수 있다. AI를 사용하면 방어자의 기존 필터가 지닌 한계를 분석해 매우 설득력 있는 피싱 메일을 생성할 수 있다. 또한 상대 네트워크 보안 시스템의 취약점을 분석해 이를 무력화할 수 있는 AI 생성 악성코드를 개발하고 공격에 사용해 방어를 무력화할 수도 있다.

ACD의 미래 방향

ACD는 강화 학습과 다중 에이전트 시스템 같은 고급 AI 기법을 통합해 의사 결정 능력을 향상하는 방향으로 나아가고 있다. 심층 강화 학습, 대규모 언어 모델, 규칙 기반 시스템을 결합한 하이브리드 AI 모델에 관한 연구는 복잡한 네트워크 환경에서 작동할 수 있는 더욱 견고한 ACD 에이전트를 개발하는 것을 목표로 한다(Loevenich et al., 2024). AI는 네트워크 트래픽과 사용자 행동을 지속적으로 모니터링해 이상 징후를 찾아내고 위협 탐지를 강화하는 한편, 악성코드 · 피싱 탐지 기능을 향상한다. AI는 시스템의 취약점 스캔을 최적화해 시스템이나 애플리케이션의 약점을 신속하게 식별하고 패치한다. AI는 시스템 액세스 안정화와 보안성 강화를 통해 승인된 액세스를 보장한다. 또한 트래픽 분석의 혁신을 통해 비정상적 패턴과 잠재적 보안 위반을 식별한다. 그리고 AI는 시스템과 상호 연결된 장치인 사물인터넷(Internet of Things, IoT)의 보안을 강화한다. AI는 시스템 내 취약성 발견을 자동화해 침투 테스트를 주기적으로 실행한다. 이런 AI 자동화 보안 시스템을 통해 최적의 시스템 안정성을 보장하는 것이 ACD가 나아가야 할 방향이다(임재완, 2024).

요컨대 생성형 AI와 사이버 보안의 만남은 기존 보안 시스템에서 볼 수 없던 새로운 지평을 열고 있다. 이에 기반한 ACD는 사이버 보안 분야에서 중요한 발전을 나타내며, 신속한 탐지 및 대응 메커니즘을 통해 공격자보다 앞서 나갈 수 있는 잠재력을 제공한다. AI와 머신러닝을 수용하면 조직은 끊임없이 변화하는 위협 환경에 대한 방어를 강화해 더욱 안전한 디지털 환경을 구축할 수 있다.

참고문헌

임재완(2024.7.2). 더 강력한 방패: 사이버 보안과 생성형 AI의 만남. 삼성SDS, https://www.samsungsds.com/kr/insights/cyber_security_gen_ai_240702.html

장길수(2016.7.14). 인공지능 해킹 대회 '사이버 그랜드 챌린지' 최종 승자는: DARPA 주최, 8월 4일 라스베이거스에서 7개팀 경합. 로봇신문, https://www.irobotnews.com/news/articleView.html?idxno=8115

한국산업기술평가관리원(2017). DARPA 챌린지 대회. ≪글로벌기술협력기반육성사업(GT) 심층분석보고서≫. https://www.gtonline.or.kr/kor/data/issue/dataView.do?cPage=1&sch_national_cd=&sch_report_gbn_cd=&sch_tech_1st_gbn_cd=&sch_tech_2nd_gbn_cd=&searchField=&keyword=&data_sid=224741

Loevenich, J. F. et al.(2024). Design of an Autonomous Cyber Defense Agent using Hybrid AI models. *2024 International Conference on Military Communication and Information Systems(ICMCIS).*

Perception Point(2024a). AI in Cybersecurity: 13 Examples and Use Cases. https://perception-point.io/guides/ai-security/ai-in-cybersecurity-examples-use-cases/

Perception Point(2024b). Generative AI in Cybersecurity: 3 Positive Uses and 6 GenAI-Based Attacks. https://perception-point.io/guides/ai-security/generative-ai-in-cybersecurity-3-positive-uses-and-6-genai-based-attacks/

Softwide(2024). PenTera: Automated Security Validation. https://www.softwidesec.com/?page_id=9299

Vyas, S. et al.(2023). Automated Cyber Defence: A Review. arXiv, https://arxiv.org/pdf/2303.04926

10
AI와 양자컴퓨팅

AI와 양자컴퓨팅의 융합은 사이버 보안 분야, 특히 암호화된 통신의 복호화 측면에서 혁신적인 변화를 예고하고 있다. 이러한 융합이 데이터의 안전한 복호화에 어떤 잠재력을 지니는지, 현재의 암호화 방식에 어떤 도전을 제기하는지 그리고 미래의 보안 프로토콜에 어떤 영향을 미칠지 살펴보자.

양자컴퓨팅, 연산 혁명

“커피를 마시면 왜 잠이 오지 않을까.” 양자컴퓨팅과 커피가 무슨 관계가 있어 이런 질문을 던지는지 궁금할 것이다. 사람들은 커피가 수면을 방해하는 주된 원인으로 커피에 함유된 ‘카페인’을 꼽는다. 그렇다면 어떤 이유로 카페인이 수면을 방해하는지 구체적이고 과학적으로 설명할 수 있어야 하는데 그러지 못한다. 커피에 함유된 카페인의 분자 구조와 원자들의 상호작용 그리고 에너지의 크기 등이 현재까지 명확하게 밝혀지지 않았기 때문이다. IBM리서치 연구원 제리 차우(Jerry Chow)는 “현존 최고 성능의 반도체를 지구 크기 이상으로 쌓아도 카페인 분자에 담긴 방대한 정보를 분석하는 것은 불가능하다”고 말했다(박수련, 2018). 양자컴퓨팅은 이런 해결 불가능한 문제에 도전한다.

양자컴퓨팅은 흔히 꿈의 컴퓨팅 기술로 불린다. 기존 컴퓨팅 기술로는 너무 오래 걸리거나 불가능했던 계산이 양자컴퓨팅으로는 빠르게 처리될 수 있기 때문이다(권호천, 2021). 양자컴퓨팅은 양자역학의 ‘중첩성(superposition)’ 개념을 컴퓨터 연산 처리에 적용해 초고속 대용량 연산이 가능하도록 구현된 컴퓨팅 방식이다(한국국방연구원, 2019). 여기서 중첩성이란 양자 세계의 미시한 입자가 서로 모순되는 듯한 두 가지 상태를 동시에 가질 수 있다는 원리를 의미한다. 현재 우리가 사용하는 컴퓨팅은 0과 1만을 사용해 계산하는 이진법(Binary Bit)으로 연산을 진행한다. 그런데 양자컴퓨팅은 0과 1이 공존하는 방식을 취한다. 기존 컴퓨팅의 단위가 '비트(bit)'라면 양자컴퓨팅의 단위는 '퀀텀 비트' 혹은 줄여서 '큐비트(Qubit)'다(박진희, 2019). 양자컴퓨팅의 큐비트는 연산에서 0과 1의 상태를 동시에 가질 수 있으며, n개의 큐비트는 2의 n 제곱만큼 중첩해 연산할 수 있다. 따라서 2큐비트는 네 가지 상태(00, 01, 10, 11)를 중첩해 동시에 연산할 수 있다. 즉 50큐비트 칩을 장착한 양자컴퓨터는 한 번에 2의 50제곱(약 1125조) 비트의 정보를 동시에 연산할 수 있다. 이는 현재 슈퍼컴퓨터로 10억 년 걸릴 연산 문제를 양자컴퓨팅으로는 단 100초 만에 끝낼 수 있다는 의미다(박진희, 2019; 문영상, 2018).

양자컴퓨팅이 필요한 이유와 미·중 패권 경쟁

양자컴퓨팅이 필요한 이유는 속도의 중요성에 있다. 양자컴퓨터는 기존 슈퍼컴퓨터보다 수백만 배 이상 빠른 연산 능력을 갖추고 있으므로 국방, 의료, 제약, 자동차, 항공우주 등을 포함한 전 산업 분야에서 그 활용 가치가 보장된다. 국방 분야에서 양자컴퓨팅의 데이터 처리와 고속 연산 능력은 네트워크 전장을 구현하기 위한 AI 알고리즘 구현과 접목에 혁신적 변화를 가져올 수 있다. 증대되는 보안의 중요성도 양자컴퓨팅이 필요한 주요 이유다. 첨단화된 네트워크 사회로의 진입은 보안의 중요성이 더욱 두드러지게 했다. 이러한 상황에서 양자컴퓨팅의 빠른 연산 능력은 지금의 암호화 체계를 무력화하는 강력한 도구가 될 수 있다. 이에 따라 전 세계 국가들은 양자 기반 암호화 체계 구축과 암호화 체계 무력화라는 두 측면을 모두 고려하며 연구를 진행하고 있다. 이미 미국과 중국 같은 군사 강국들은 양자컴퓨팅을 무기체계와 암호화 체계에 적용하려는 연구와 기술 개발에 막대한 예산을 투입하고 있다(한국국방연구원, 2019; Kania & Costello, 2018).

중국은 양자컴퓨팅을 이용한 암호 무력화 기술을 개발해 미국과의 군사력 비대칭을 극복하려는 계획을 세우고 있다. 미국 역시 이러한 움직임을 미국 안보에 대한 심각한 위협으로 인식하고, 그러한 기술에 대응하며 선제적 이니셔티브를 확보하기 위해 국가 역량을 총집결하는 전략을 수립해 시행하고 있다. 2018년 9월 미국의 안보 전략 분야 싱크탱크인 신미국안보센터(Center for a New American Security, CNAS)는 "양자 헤게모니: 중국의 야심과 미국 혁신 리더십에 대한 도전(Quantum Hegemony? China's Ambitions and the Challenge to U.S. Innovation Leadership)"이라는 보고서를 발표했다. 중국이 양자컴퓨팅 기술을 개발하는 목표가 대미 기술력 우위 달성에 있다고 밝히면서 미국이 이러한 국가 안보 위협에 대비해야 한다고 강조했다. 만약 중국의 양자 레이더 기술 계획이 완성된다면 현재 미국이 지닌 비대칭 군사력인 바다와 하늘의 스텔스 무기나 네트워크 전력은 그 의미가 없어진다. 즉 양자컴퓨팅을 통한 레이더와 암호 무력화 기술로 미국 군사 전력의 움직임을 손바닥 보듯 확인할 수 있게 된다(권호천, 2021).

양자컴퓨팅과 암호화 이슈

암호화는 디지털 통신의 보안을 유지하는 핵심 요소로, 민감한 정보를 무단 접근으로부터 보호한다. RSA나 고급 암호화 표준(AES) 같은 전통적인 암호화 방식은 기존 컴퓨터로는 단시간에 풀 수 없는 복잡한 수학적 문제에 기반한다. 그러나 양자컴퓨팅이 등장하면서 쇼어 알고리즘(Shor's algorithm)과 같은 양자 알고리즘이 큰 수를 효율적으로 소인수분해할 수 있게 되어 기존 컴퓨팅 시스템에 기반한 암호화 방식이 위협받고 있다(Rosenbush, 2024). 최근의 양자컴퓨팅 발전은 이러한 잠재력을 잘 보여 준다. 2024년 12월 구글은 특정 수학 문제를 세계에서 가장 빠른 슈퍼컴퓨터보다 기하급수적으로 빠르게 해결할 수 있는 105큐비트의 양자 칩 윌로를 공개했다. 비록 윌로의 105큐비트는 현재의 암호화 표준을 깨기에는 충분치 않지만, 이 사례는 양자컴퓨팅이 보안에 가하는 위협이 한 걸음 더 다가왔음을 의미한다(Hollister, 2024).

암호화 분석과 AI

패턴 인식과 데이터 분석에 뛰어난 AI는 암호 분석의 강력한 도구로 활용될 수 있다. 머신러닝 알고리즘은 암호화된 데이터를 분석해 이상 징후를 감지하고 복호화 키를 예측할 수 있다. 예를 들어 AI는 학습된 패턴을 기반으로 키 추측의 우선순위를 정해 무차별 대입 공격의 효율성을 높이고, 이로써 암호를 해독하는 데 걸리는 시간을 단축할 수 있다(이상우, 2021; 임재완, 2024). 또한 AI는 암호화 과정에서 유출되는 타이밍 정보나 전력 소비와 같은 부채널(side-channel) 정보를 분석해 비밀 키를 추론하는 부채널 공격에도 활용될 수 있다. AI는 방대한 양의 유출 데이터를 처리해 인간 분석가가 놓칠 수 있는 상관관계를 식별함으로써 이러한 공격의 효과를 높일 수 있다.

복호화에서 발휘되는 AI와 양자컴퓨팅의 시너지

AI와 양자컴퓨팅의 통합은 두 기술의 역량을 증폭한다. 양자컴퓨터는 복호화에 필요한 복잡한 계산을 처리할 수 있다. AI는 최적의 전략을 식별하고 해결 공간을 축소해 계산을 진행할 수 있다. 이러한 시너지는 복호화 과정을 가속해 현재의 암호화 방식에 상당한 위협을 가할 수 있다(Editverse, 2024). 예를 들어 AI 알고리즘은 암호화된 데이터를 분석해 가능한 키 구조를 예측하고, 양자 알고리즘은 이를 빠르게 처리해 복호화를 신속하게 수행할 수 있다. 이런 협업은 암호를 해독하는 데 필요한 계산 자원과 시간을 줄여 지금까지 안전하다고 여겨졌던 보안 시스템을 취약하게 만들 수 있다.

암호 보안 시스템을 재평가할 필요성

AI와 양자컴퓨팅의 발전은 기존 암호 시스템의 재평가를 요구하기 시작했다. 온라인 통신의 보안을 책임지는 공개 키 기반 구조가 특히 위험에 처해 있다. 양자컴퓨터가 이러한 시스템을 무력화할 가능성은 양자 공격에 견딜 수 있는 암호화 방식을 개발하는 '포스트 양자 암호화(Post-Quantum Cryptography, PQC)'의 필요성을 증대하고 있다(Thales, 2024). 실제로 미국 바이든 행정부는 포스트 양자 암호화 표준을 마련하려 시도했다.

양자 정보 과학(Quantum Information Science, QIS)은 다양한 분야에서 혁신을 끌어낼 잠재력을 가지고 있다. 그러나 그것은 기본적으로 미래 양자 컴퓨터가 현재의 암호화 방법을 깨뜨릴 수 있다는 우려에 기초한다. 미국 국립표준기술연구소(NIST)는 2024년 8월 세 가지 새로운 암호화 표준을 발표했다(KISTEP, 2024). 이 표준은 양자컴퓨팅이 현재의 암호화를 무력화하더라도 데이터를 보호할 수 있게 설계되었다. 미국 정부는 시스템 관리자들에게 이러한 양자 저항성 암호 알고리즘의 새로운 표준을 신속하게 채택하고 통합할 것을 권장하고 있다. 미국은 이러한 조치를 통해 양자 혁신의 잠재력을 최대한 활용하면서 위험을 완화하기 위해 노력한다는 기본 방침을 확립했다. 이와 동시에 미국 국가 사이버 국장실(ONCD)은 양자 컴퓨팅에 대비하기 위한 국가 사이버 보안 전략을 업그레이드해 취약한 암호화를 식별하고 우선적으로 처리할 수 있는 정부 시스템 기구를 구축하고 있다.

요컨대 AI와 양자컴퓨팅의 융합은 암호화된 보안 시스템 분야에서 양날의 검이다. 속도와 활용성 면에서는 매우 유용한 도구지만, 기존 보안 시스템을 무력화할 가능성이 있어 새로운 대응 전략을 마련할 필요가 있다. 특히 사이버 공격을 상시 대비해야 하는 상황에서 취약성 보완이 이전보다 시급한 과제로 떠오르고 있다.

참고문헌

권호천(2021). 『모던 워페어: ICT가 승패를 결정한다』, 127-130쪽. 메디치미디어.

문영상(2018.8.2). 기술 혁신을 이끌 '양자 컴퓨팅' A to Z. HelloT, https://www.hellot.net/news/article.html?no=42085

박수련(2018.3.29). 10억년 걸릴 문제 100초에 푼다…양자컴퓨터 시대 성큼. 중앙일보, https://www.joongang.co.kr/article/22486587

박진희(2019.3.21). 0과 1이 공존하는 무한의 세계 – 양자컴퓨터. TechWorld, https://www.epnc.co.kr/news/articleView.html?idxno=82687

이상우(2021.3.22). [보.알.남] 인공지능 시대를 위한 암호화 기술, 동형암호. 보안뉴스, https://m.boannews.com/html/detail.html?idx=95773

임재완(2024.7.2). 더 강력한 방패: 사이버 보안과 생성형 AI의 만남. 삼성SDS,

https://www.samsungsds.com/kr/insights/cyber_security_gen_ai_240702.html

한국국방연구원(2019). 양자컴퓨터 기술개발동향과 미래 군사적 영향력 탐색. ≪국방이슈브리핑 시리즈≫, 18.

Editverse(2024). 양자 기계 학습: AI가 양자 컴퓨팅을 만났을 때. https://editverse.com/ko/quantum-machine-learning-when-ai-meets-quantum-computing/

KISTEP(2024). 미국, 바이든-해리스 행정부의 포스트 양자 암호화 준비 작업. https://www.kistep.re.kr/gpsBoardDownload.es?board_se=trend&list_no=3359&seq=1

Thales(2024). 포스트 양자 암호 솔루션. https://cpl.thalesgroup.com/ko/encryption/post-quantum-crypto-agility?gad_source=1&gclid=Cj0KCQiAyc67BhDSARIsAM95QzvFvj11SJQWQqabvo5ebntpC1goXYlDaWy90D4hfVyk-y6OsDRqPOwaApjWEALw_wcB

Hollister, S.(2024.12.13). Google says its breakthrough quantum chip can't break modern cryptography. The Verge, https://www.theverge.com/2024/12/12/24319879/google-willow-cant-break-rsa-cryptography

Kania, E. B. & Costello, J. K.(2018). Quantum Hegemony? China's Ambitions and the Challenge to U.S. Innovation Leadership. Center for a New American Security, https://www.cnas.org/publications/reports/quantum-hegemony

Rosenbush, S.(2024.10.9). 'Q Day' Is Coming. It's Time to Worry About Quantum Security. The Wall Street Journal, https://www.wsj.com/articles/q-day-is-coming-its-time-to-worry-about-quantum-security-ca88c576

권호천

안보경영연구원(SMI) 공공산업본부 책임연구위원, Global ICT Lab 대표 겸 소장이다. 미국 오하이오대학교 경제학과에서 경제학으로 학사 과정과 석사 과정을 마쳤고, 뉴욕주립대학교 버펄로 정보대학 커뮤니케이션학과에서 커뮤니케이션 뉴테크놀로지·미디어 경제로 박사 학위를 받았다. 상명대학교 미디어학부에서 겸임교수로 근무했다. 고려사이버대학교 융합경영학과에서 부교수를, 경희대학교 경영대학원에서 겸임교수를 지냈다. 국회와 국방부 산하 각종 위원회와 포럼 및 학회에서 ICT 위원장으로 활동하며 ICT의 무기 체계 적용과 사이버전을 연구하고 자문에 응하고 있다. IT 조선 "권호천의 ICT 인사이트" 칼럼을 운영하며 산업과 군사 분야에서의 ICT 적용 그리고 사이버전에 관한 내용을 알기 쉽게 설명하고 있다. 저서로 『크라이시스 커뮤니케이션』(2021), 『ICT가 승패를 결정한다, 모던 워페어』(2021)가 있다. 네트워크 분석과 비정형 빅데이터의 의미네트워크 분석 관련 다수의 논문을 학술지에 게재했다. 국가기관 및 민간 기업을 대상으로 비정형 빅데이터 분석을 활용한 컨설팅과 디지털전환(DX) 관련 컨설팅을 진행하고 있다.